大峯千日回峰行者が語る
幸福のヒント

# 人生でいちばん大切な三つのことば

塩沼亮潤

春秋社

# まえがき

この本には日常のとてもあたりまえのことしか書かれておりません。あまりにもあたりまえすぎてふだん気にもとめない、けれども、ひととひととのご縁が細く長くつづいていくために欠かせない大切な宝ものを、慈眼寺の護摩のあとの法話からよりすぐり、「感謝」「反省」「敬意」という三つの思いと、「ありがとう」「すみません」「はい」という三つのことばに託して、みなさんの人生のヒントになるようまとめたのです。

海外に行くとマナーがどんなに大切か肌で感じます。それなのに現代の日本ではマナーがどんどん失われているように思われてなりません。でも、マナーの根底にあるのは、このあたりまえのことなのです。このあたりまえのことに、修行でつちかった仏の教え、そして先祖からつたえられてきた、ひととして大事なこころがまえをもりこんで、一冊の本となりました。日本人のマナー向上のためにも、友人、上司、親子の人間関係の改善のためにも、きっとなにかこころに残るものがあると思います。お時間のあるときにパッとひらいたところを読んでみたり、順番にひとつずつ読んでみたりしてください。

最後になりましたが、わたしの話を文字にするにあたって、お手つだいいただきました春秋社編集部の小林公二氏にこころから感謝いたします。

二〇一五年七月二十八日

塩沼亮潤

人生でいちばん大切な
三つのことば

# 目次

## 「はい」……91

# 人生でいちばん大切な三つのことば

「ありがとう」

# 感謝・反省・思いやり

むかし大峯千日回峰《おおみねせんにちかいほう》行《ぎょう》という修行に挑んでいたときの話です。水筒とおにぎりふたつをたずさえて、夜明け前の闇《やみ》のしじまを出立し、標高一千七百十九メートルの山のいただきまでのぼると、帰りの食料と水を補給して、ふもとまでくだって、ちょうど四十八キロになります。一日の三分の二、十六時間を歩きつづけます。

一年のうち四か月、毎日歩きつづけると、からだがぼろぼろになってしまいます。まず一か月で、爪がぽろぽろはがれてくる。栄養失調です。それでもやすみなく歩かなければなりません。短刀を肌身はなさず持ち歩き、万が一にも行を断念せねばならないばあいには、みずから腹を掻《か》き切って、死をもって終えねばならないというきびしいおきてです。

もちろんむやみにいのちを絶つための刀ではありません。死ぬくらいの覚悟なくして、行をまっとうすることはできない。その覚悟を表明するための刀です。

標高差ゆえに気温の差ははげしく、山のうえでは雪が舞っていても、ふもとにおりれば三十五度を超えていることもあります。春に歩きはじめて、夏がすぎ、秋をむかえ、四か月がすぎるころにはからだも限界ぎりぎりです。

こんなにきびしい自然のただなかにわれとわが身をほうりこみ、苦しい修行をしなくてはならない理由はなんでしょうか。うしろをふりかえれば、日常の世界がある。三度三度ご飯が食べられ、おやつもあり、いつでもお茶が飲める世界がある。それなのに、なぜ？

それは、ありとあらゆる執着《しゅうじゃく》からはなれ、迷いを断つためです。

人生はとかくままならず、よいも悪いも紙一重、しかも予断を許さない。突然の不幸、思いがけぬ幸運に翻弄《ほんろう》されるひとびとは、つい迷わずにいられない。

「人生とはいったいなんなのか？」

「はたしてどのように生きればよいのか？」

そのうえひとには、どこかにかならず、じぶんのまちがいや責任を認めたくないいきもちがあるものです。不幸や失敗がおとずれれば、「あのひとのせいだ」と他人を悪者にし、憎んで、ねたんで、身を焼く思いにさいなまれる。しかし、どんなにひとをうらんでも、因果応報《いんがおうほう》は世のさだめ、天にむかって吐いた唾《つば》はじぶんにかえってくるだけです。

どこかでこの悪い連鎖《れんさ》を断《た》ち切らなくてはなりません。それでも三度の食事がきちんと食べられるめぐまれた環境にいると、なかなかどうすればよいのかわからない。

だからこそ、道を求める僧たちは、食を絶《た》ち、眠りを削《けず》り、困難な環境のなかで、みずからをきびしく追いこんで、自己を見つめ、執着からはなれ、迷いを断つ。これが修行です。わたしが行じた回峰行も、長い時間山を歩き、ときには九日間、飲まず、食べず、寝ず、横にならず、みずからを極限状態へと追いこんでいく。

「極限の世界にいるとき、いったいどんな心境になるんですか？」

そんな質問を受けることもありますが、そういう状況におかれると、なんでもないあたりまえのことが涙が出るほどありがたく、三度三度の食事をとることにも涙があふれ、いま生きていることに感謝がつきません。

そこから少しずつ、人生でいちばん大切なことが感じとれるようになってくる。じぶんがいまここに存在するということのとほうもないありがたさ、みずからのこころやおこないをつねにふりかえって反省しなければならないという思い、まわりのひとに敬意を払い、思いやりのある人間にならなくてはならないという、理想像にむかっていこうとするきもち、まとめていえば、「感謝」「反省」「敬意」の大切さ。

しかし山での行はいつまでもつづくものではありません。どんなに長い修行であろうとも、いつかはかならず里《さと》におりて日常の生活に戻ってこなくてはならない。

「お寺の修行は、ふつうの社会生活よりもきびしいんでしょう?」

そうおたずねになるかたもいらっしゃいますが、わたしは一般の社会とさほどちがわないと思っています。

お寺にも雨露《あめつゆ》をしのぐ屋根はちゃんとある。朝昼晩のご飯を食べることもできるし、お風呂もある。お茶をのみ休憩することも、お布団《ふとん》で寝ることもできるでしょう。

山には身を守る家もなく、ご飯もおにぎりふたつだけ。空《す》き腹をかかえて、こころぼそく孤独に歩きつづければ、いつしかみずからの生への感謝と反省が胸のうちに湧《わ》きあがる。その切実さ。里の修行道場よりはるかに敏感に強烈に感じとれるのです。ところが、ふたたび山を下り、大勢のひとと接しながらの日常生活を再開すると、また思い悩みがはじまってしまう。

山の行より里の行といわれます。山のなかにはつらいことも苦しいこともたくさんあるけれど、ひとは極限の試練を与えられたとき、それに立ちむかっていくちからはあんがいたやすく出るものです。では、どっぷりぬるま湯につかっていたらどうでしょう。じぶんが恵まれていることを忘れ、いつのまにかわがままになり、どんどんやる気が失われていく……。

里におりて、山で得た真理を大切にしつつ、万華鏡《まんげきょう》のように移り変わるひとびとのこころもようのはざまで揉《も》まれながら、実践をつづけていくことが、里の行です。それができてようやく見えてくるものがある。たとえば、好ききらいなく、あらゆるひとと、わけへだてなくつきあえるようになって、はじめて一人前のお坊さんといえるでしょう。

みなさんもテレビを見たり本を読んだりしたときに、「こんなふうに生きてみたい」と思うことがあるでしょう。しかし身のまわりにいるひとたちに対して、三百六十五日、いつもそういうきもちをもちつづけることができるでしょうか。顔を見るのもいやだと思っているひとがいるときに、やさしいことばをかけられるでしょうか？

もしかすると、できないかもしれません。

でも、あきらめないでほしいのです。どんなに思うような生きかたができなかったとしても、こころの針をプラスの方向にむけて、いやだなと思うひとに対しても、じぶんからやさしいことばをかけるようこころがけていると、ふしぎなことに、そのひとから思いがけず笑顔が返ってきたりするのです。

「あのひとはなぜわたしに冷たいのだろう？　もっと笑顔を見せてほしい。やさしいことばもかけてほしい……」

どんなに思いこがれてみても、じぶんを大切にするのとおなじように他人を尊重するこころがなければ、そんなお返しは戻ってきません。こころからいつくしみのきもちをもって相手とむきあうことで、はじめてなにかが生まれます。きずなが深まります。

「思いやりのこころ」は相手から求めるものではありません。まず相手に与えましょう。そうすれば、たとえそのひとからでなくても、めぐりめぐって、だれかからやさしいことばとなって返ってくる。これがほんとうのごほうびであり、こころの喜びです。

戦後の日本ではますますひとづきあいが希薄になりました。ご近所であいさつしたり声をかけたりすることも少なくなっています。他人の干渉をきらい、「われ関せず」で生きたいひとが多くなっているのかもしれません。

戦後の教育とか人口の移動とか、理由はいろいろあるでしょう。しかし日本という国は、つい先日の東日本大震災のように、大きな災害がひんぱんに起こる可能性の高い国です。またいつこんなことが起きるかわかりません。どんなことがあっても、いまじぶんが与えられた環境を受け入れ、ご縁を大切にし、ご縁のあったひととむきあい、みんなでたすけあって生きていく、そんな思いやりにあふれた社会になりますよう、こころから願ってやみません。

[二〇一二年一〇月二六日]

# 好ききらいのかなたへ

わたしたちには好きなひともいれば、きらいなひともいます。好きな食べものもあれば、きらいな食べものもあります。でも、きらいなものをきらいなままでよいでしょうか。そうではないと頭のなかではわかっている。ひととして生まれてきたからには、どんなものもすべてありのままに受けとめられてこそ、わたしたちの理想とする生きかたであることは、こころのどこかで感じているはずです。

とはいえ、「きらいだと思うひとをいますぐ好きになりなさい」と言われても、できるわけがありません。子どものころを思いだしてください。「自転車に乗りたい」と思っても、すぐに乗れるようにはなりません。何回も練習しては転《ころ》び、手足に擦《す》り傷や切り傷をつけているうちに、ある日ある瞬間に乗れるようになるのです。でも、いったん乗れるようになると、一生涯その感覚を忘れることはないでしょう。

ですから、すぐに好きになれなくても、「このひとをほんとうに好きになれますように」という小さなきもちだけは、こころのどこかにもちつづけて、けっして忘れないでほしいのです。

ほんとうはきらいなのにむりに背のびして、「好きです」と言っても限界があるでしょう。こころの表面にメッキをしてじぶんをごまかしても、メッキはいつかはがれます。だから正直に、等身大の、ありのままのじぶんで、素直に努力していくことが大事です。

大切なのは、もし相手からいやな思いを受けるからといって、相手に対してもってはいけない感情をもってしまったら、じぶんがひととしての道からはずれる第一歩だということです。

「このひとはとても尊敬できない」と感じたからといって、そのひとを軽んじたり、ひととして尊重する態度を失ってしまえば、いつかはじぶんじしんがほかのひとからさげすまれる原因になりかねません。それが因果応報《いんがおうほう》です。どんなにきらいでも、肌があわなくても、そのひとの人格はけっして軽んじてはいけないのです。

「じぶんがいちばん大切にしているひとに接するようなやさしさを、このひとにもおなじように表現できますように」

こころのどこかにそんな思いをもっていてください。その思いがどんなに小さくてもいいのです。こころのなかの一パーセントでもいい。それがいつのまにか二パーセントになり、三パーセントになるかもしれません。

わたしにも若いころたったひとりだけ理解に苦しむようなひとがいました。わたしのようなお坊さんが修行しても修行しても、なかなかできなかったことですので、みなさんがすぐにできなくても安心してもらいたいと思います。

わたしは、ひとを好ききらいするのはよくないと思っていました。けれども、じぶんに嘘はつけないので、長いあいだ根気強く、そのひとはきらいだけれども、「いつかこのひとにも、みんなに表現しているようなやさしさを同じようにつたえられるように」と、こころのなかで願っていました。

そうしているうち、ある日気がつかないうちに、自然にじぶんのやさしさをつたえているわたしがいたのです。それはまったく突然のできごとでおどろきました。こころからこのひとを喜ばせたいというきもちが、こころのなかからあふれてきてとまりませんでした。すると、しばらく話しているうちに、そのひとから笑顔とやさしいことばが返ってきたのです。

ほんとうに、なにかにつつまれているような、ふしぎな体験でした。どしゃぶりの雨のなか、道もわからないまま、「どっちへ行けばいいんだろう?」と夢中でさまよい歩いていると、急に雨がやみ、雲がはれて、燦々《さんさん》とふりそそぐ陽光が目の前の道を照らしだしたかのようでした。じぶんにいやな思いをさせるひと、いやがらせばかりするひとだけれども、そのひとを大きく受けとめられる瞬間をむかえることができたのです。

そのときわたしは、こころから深く反省しました。じぶんがだれかをきらうということは、相手に対してどこからかそういうふんいきを出していたにちがいない。そのために、このひとにも不快な思いをさせてしまったことがあっただろう、と、こころから懺悔《さんげ》したのです。するとにわかにこころが軽やかになり、なんの迷いもなくなってしまったのです。そして、じぶんが生きているということ、じぶんの存在そのものに、こころから感謝しなければならないと感じました。奇妙な心理状態と思われるかもしれません。けれどもほんとうなのです。お天道《てんとう》さまは毎日東の空から西にむかい、わたしたちを照らしてくれています。わたしたちは空気を吸うことも、水を飲むこともできるのです。こんなふしぎというか、奇跡があるでしょうか。わたしたちをやさしくつつむこの世界に、どれだけ感謝すればよいのでしょうか。寿命がどれだけあるかわかりませんが、このあたりまえという奇跡を幸せと感じ、感謝のこころをもちつづけることができれば、どんなにすばらしい人生でしょうか。

この瞬間から、わたしは自然に、どんなひとにもわけへだてなくむきあい、じぶんの思いを楽しくつたえることができるようになったのです。

相手がよいか悪いかではないのです。いま、じぶんがどう生きるかなのです。いまこのときのじぶんのこころが感謝につつまれていたならば、過去のことすべてを感謝ととらえることができる——そういうこころで生きていれば、自然と光ある未来へ運ばれていくことでしょう。ですので、いまのじぶんのこころがあしたの人生を決めるのです。つねに感謝し、じぶんを反省するきもちをもって、どんなひとにも敬意をもって生きる。そうすることによって人間関係が円満になり、どんどん縁がひろがり、大きな輪となって運がよくなります。「念ぜば花開く」ということばもありますが、「念」は「今の心」と書くように、いまのこころがどれほど大切かということです。運がいいとか悪いとかいいますが、こころが正しく清らかであり迷いがなければ、自然と光ある善き方向に人生が運ばれていくことでしょう。これを幸運というのです。

［二〇二二年一月一九日］

## 感動から感謝へ

わたしは昭和四十三年（一九六八年）に生まれました。戦後の混乱もおさまり日本の国も安定してきた時期でしたので、ご飯とおみそ汁を三度三度、欠かすことなく食べることができる環境に生まれました。それでもわたしが幼いころ、戦争中や終戦直後は食べるものが足りなくて、近所に生えている雑草すらすっかりなくなった、という話を祖母がよく口にしていましたから、祖父母の世代、父母の世代はたいへんな時代に生活してきたのだなあ、ということは知っていました。

先日も九十六歳になるご老人とお話をして、

「敗戦直後は夢も希望もなく、ほんとうにどん底でした。夢をもとうと思っても、中途半端なこころざしではとうていそれをつらぬくことはできませんでした」

と言われて、先人の苦労と偉大さをあらためて感じたしだいです。

ただ、むかしわたしが修行していたときには、一日の三分の二を山のなかですごし、吹きすさぶ雨風やお天道さまの灼熱《しゃくねつ》の陽《ひ》ざしを、じかにからだに受けながら、孤独な歩みをつづけておりましたので、先人の苦労にはおよびもつかないかもしれませんけれども、その一端は身をもって体験したといえるのではないかと思います。

修行では、まことにきびしい環境に身を置いて、じぶんじしんを見つめていきます。高度成長をはたし、バブルも経験し、飽食《ほうしょく》の時代とも大量消費時代ともいわれる現代の日本において、どうしてそんな過酷な環境にじぶんを追いこむのか、ふしぎといえばふしぎです。でもそれは、ありとあらゆる迷いを断ち切り、じぶんのこころを徐々に悟りへとむかわせるためなのです。

おそらくほとんどのひとが、さまざまなことにとらわれて生きています。ふとそれに気づいて「これではいけない」と思っても、満たされた快適な生活のなかで軌道修正するのはむずかしい。たとえば、きらいなひとと一緒にいると、からだを虫が這《は》いずるような不快感にさいなまれ、じぶんのいうことをきいてくれないひとたちの顔を見たら、怒りがふつふつと沸《わ》きあがってきたり。

「これではいけない」とわかってはいるけれども、こころの奥の暗闇からあふれだす怒りや葛藤《かっとう》に呑《の》みこまれて、真実の生きかたができない。どうしたらいいのだろうと思っても、進むに進めず、戻ることもできない。このとても苦しい状態を迷いといいます。

そこをすぱんと断ち切って、真理の世界に生きることができれば、ほんとうに理想的な生きかたといえるでしょう。そして、そんな生きかたができるようになるために、修行僧には修行があります。

修行の世界では、我《が》が強く、欲もたくさんある若いうちに修行したほうがよい、といわれます。頭を剃《そ》り、滝に打たれ、山を歩き、食べるものも食べないで修行をつづけると、やがて見えてくるものがある。といっても「感謝」と「反省」と「敬意」については もうお話ししましたから、ちがう観点から申しあげれば、まずは「懺悔《さんげ》」のこころです。修行のなかで、いままでの人生をふりかえり、みずからの小ささ、いたらなさに気づき、こころから申しわけないと思うことです。

ひとから叱られ、欠点の指摘を受けたとき、それを素直に受け入れられず、それどころか、せっかく注意してくれたひとに対して少しでも反抗するこころがあったならば、真理の世界へまっすぐ歩いていくことなどできません。ひとから指摘を受けたとき、まずは「ごめんなさい」という素直なこころに立ち帰って、相手の立場からじぶんを客観的に見つめ、みずからの足りない部分に気づき、深く反省し懺悔してこそ、そのひととともたがいにわかりあえるのです。

それなのに、三度三度のご飯に、おやつまである満ちたりた生活だと、なにごとも自己を中心とした考えになりがちです。頭だけで考えると、無意識のうちにじぶんを正当化する理屈ばかり考えてしまいます。じぶんが正しい以上、相手の批判はたんに理不尽《りふじん》なだけですから、

「なんだ、あのひとは?」

と怒りばかりが湧いてきて、頭のなかが堂々めぐりになってしまう。

だからお坊さんの修行では、あえてきびしい環境にわが身を置いて、規則正しい生活をくりかえし体験することにより、じぶんを見つめなおし、頭でっかちを矯正《きょうせい》し、

じぶんのいたらなさを悟り、これまでの生きかたを修正していくのです。

もうひとついえば、人間が成長するかしないかのポイントは、ささいなことにも感動できるかどうかにあります。なにげない日常の生活のなかで、だれかにかけていただいたことばや、ちょっとした温かい思いやりのある笑顔に対しての感謝のこころを素直に表現し感動できるじぶんであるかどうか。

これは高校時代の先生にきいた話ですが、わたしたち昭和四十三年生まれの生徒が卒業して数年が経ち、わたしより下の世代が入学するようになったころ、先生は子どもたちが変わったことに気づいたといいます。

「きみたち四十二〜三年生まれの生徒は、注意されても納得がいかなければ、『先生、なぜですか?』『先生、教えてください』と食らいついてきたものだ。しかし最近の子どもは、叱るとすぐ、『はい、わかりました』と『表面上まことに素直な』返事をする。返事はするんだけれども、行動がまったく改善されない。おなじあやまちをずっとくりかえす傾向がある」

そういえば、吉田松陰《よしだしょういん》にこんなエピソードがあります。松陰は「ひとを育てることにかけては天才」といわれ、高杉晋作《たかすぎしんさく》、伊藤博文《いとうひろぶみ》をはじめ錚々《そうそう》たる逸材《いつざい》を輩出《はいしゅつ》した教育上手ですが、その吉田松陰をして、人生のなかで三名ほど、かれのもとを去っていった若者がいたという。一方的に教えるだけではなく、師と弟子の枠を超えて対話をし、一緒に運動もした、あの型破りな吉田松陰でも育てられなかった、その三名に共通するのは、「感動しない」子どもたちだったということです。

現代においては、なにを見ても、なにをきいても、感動しない子どもたちがふえているように思います。日本の豊かな環境のなかで、わがまま気ままに育てられてしまったからかもしれません。また幼少期における教育も、かなり影響しているのではないでしょうか。

返事やあいさつという基本的なしつけもそうですが、好ききらいをなくす、親に対して口ごたえをしない、嘘をつかないといった習慣は、将来社会でコミュニケーションをとるうえで、基本中の基本になります。親は、子どもたちと同じ目線に立って、できるようになるまでくりかえし教えなければ、社会に出てからその子どもが苦労することになるでしょう。

実は、お寺の修行でも、そういうことがいちばん大切なのです。だからこそ、小さいこころからなにごとにも感謝をし、感動する素直なこころを育てなければなりません。

「食べられるだけで幸せ」

「三度三度のご飯があって、みそ汁があるだけでも幸せ」

そういう小さなことにもこころが動くようなきもちがもてたとき、わたしたちはもう一度、なにかべつの、真実の世界が見えてくるのではなかろうかと思うのです。

［二〇一二年六月一〇日］

## 欲心を乗り越えるコツ

むかしの日本では、いまより信仰と生活が密接につながっていたように感じます。わたしもものごころついたときから、神棚《かみだな》と仏壇《ぶつだん》に手を合わせるように教わり、学校に行くようになってからも、拝《おが》んでからでないとご飯が食べられませんでした。そして、いいことをし悪いことをしないという一見あたりまえのような教えが、日常生活のすべてに行きわたっておりました。もしかしたら、むかしの日本人のほとんどが、こんないわば日本的な信仰を、先祖より受けついでいたのではないでしょうか。それを実践することで、倫理《りんり》や道徳が知らないうちに自然に身についていたのかもしれません。

信仰とは、なにか特別なことをしなければならないわけではありません。わたしのお師匠もおっしゃっていたことですが、思わず唸るような見識をおもちの高僧といわれるようなお坊さんは、みなおなじようなことをおっしゃいます。「日常が行である」と。

もちろんそうしたかたがたは、小僧のころからいろいろな修行を経験され、つらいこと、苦しいこと、悲しいこと、悩み、迷いを乗りこえて、最後にそういう境地にいたられたのです。

わたしは十九歳のときに出家してお寺に入りましたが、そのときといまをくらべても、日常の修行はなんら変わっておりません。朝起きて、お勤めをして、一日を仏さまにお仕えさせていただき、夜になればからだを休める。このサイクルはまったく変わっていません。あたりまえのことをあたりまえにさせていただく。ただこれだけのことです。

もちろんその日常のなかで、つねに自己を見つめ、最善をつくし、ひとつひとつのできごとからじぶんを成長させるという、こころのなかの深い作業は、一日たりとも怠ったことはないと申しあげておきます。

みなさんも朝起きて、それぞれの仕事に務め、夜になれば、ご飯をいただき、そして寝る。これはほとんど万国共通の、人間として基本的なスタイルであります。

そうはいっても、わたしたちのこころのなかをのぞき見れば、「わたしはつねに幸せです」「わたしはすべてが満たされています」といった幸せ感いっぱいのひとばかりではありません。それはなぜか？

わたしたちには「もっと欲しい、もっといまよりも……」という際限のない欲があるからでしょう。それではいけないと自覚できるひとは、欲心が出てこないようにするための根本的なこころの治療を求めて、たくさんの本を読み、理論を学び、お経の解釈や過去の名僧の発言を調べたりして解決方法を探ります。

世間のなかで生きていれば、ほんとうは思ってはいけないことなのに、ふと思いをいだいてしまう瞬間が、だれにでもあると思います。その思いがどんどん強まって、やってはいけないとわかっていながら、欲心のままに行動を起こしてしまわないようにすることが肝要です。足るを知り、私利私欲に走らないように、じぶんでじぶんのこころを軌道修正して、バランスのよい生きかたをすることです。

ここまでお話ししますと、

「頭ではわかるのですが、できない場合はどうすればいいんですか?」

と質問したいひともいるかと思います。けれども、何回も練習しておぼえてもらうしか方法はありません。頭で理解してもなかなか実践はできないものです。だから修行で身体を使い、規則正しく生活し、礼儀を重んじ、くりかえし実践するのです。よって、修行道場はすべてが満ち足りている環境ではありません。足るを知り、辛抱《しんぼう》するなかで、なるほど人生とはこういうことかと気づくために、質素であり簡素な環境で訓練します。毎日おなじことをおなじように情熱をもってくりかえしていると、やがていつの日か、とても自然なかたちで、真のこころの幸せと出会うことができるでしょう。

要は、人生は、悪《あ》しきこころのもぐらたたき、とでもいいましょうか。辛抱できるか、できないかです。人生の道しるべとなるようなことばを、いかにたくさん暗記するかではなくて、ひとつひとつを実践してこそわかってくるものです。つまり「智目《ちもく》行足《ぎょうそく》、清涼《しょうりょう》の池に到る」。これは、むかし天台智顗《てんだいちぎ》という中国のお坊さんが言われたことばですが、智慧の目とそれにもとづく修行が両方あってはじめて、悟りの境地に到ることができるということです。

みなさんは、世間で暮らすじぶんたちは修行道場という世界とはかけ離れた生きかたをしていると思うかもしれませんが、生活スタイルこそ違うものの、光あるこころの幸せにむかおうとするいとなみという観点から見れば、おなじ人生の修行です。さまざまなひとと渾然一体《こんぜんいったい》となって生活し、いろいろな人間関係のなかで悩みや迷いにとらわれて、闇のような世界にこころがむいてしまいそうになるところを、なんとかこらえて、光ある人間として生きるべき方向にむけていく。まさに日常すべてが人生の行といえるでしょう。忘れ去り、許してこそ、ひととしてあたりまえの生きかたです。

いいことをし、悪いことをしない。ひとをうらまず、憎まず、ねたまない。淡々とじぶんのなすべきことをなせばよいのです。朝起きて、神さまでもいい、仏さまでもいい、じぶんが信じる偉大なる存在に手を合わせ、「きょうも一日よろしくお願いします。精いっぱい生きてみます」と、こころのなかで唱えてみましょう。

これも立派な信仰です。会社に行く。学校に行く。掃除、洗濯、炊事《すいじ》といった家事をこなす。日常のなかでだれかのために生きていく。夜になったら、「今日のじぶんはどうだったかな」と反省する。あのときあんなきもちが起きてしまったけれど、行動に出さなかったのは、たいへんよかった。でも、そのあと少しいらいらして、まわりのひとにトゲトゲしい態度であたったかもしれない。これはよくなかった……。

もしダメなところがあったら反省して、つぎの日はおなじことをくりかえさないように努力する。その日一日、無事なにごともなかったら、こころのなかで手を合わせ、「どうもありがとうございました。あしたもよろしくお願いします」と感謝してやすむ。そうして、いま生きている一日がこのうえもなく大切だ、という意味に気づいてくるのです。

そういえば、このあいだ新幹線で京都に行くときに少しだけ時間があり、打ちあわせのためスターバックスに入ったのです。わたしがカウンターで注文しているとき、店内にいたひとりの男性が、お坊さんのすがたをしたわたしを見たとたん、店内に響きわたる朗々《ろうろう》とした声で、お題目《だいもく》を唱えはじめました。それがえんえんとつづいてとまらない。すると、店中のお客さんがいっせいにわたしを見る。

わたしは視線を避けるように、あわててあたりを見まわしたのですが、なるほど、お題目を唱えそうな恰好《かっこう》をしている人間は、どこを見てもわたししかいない。みんなから来る視線に「わたしじゃないよ」と笑顔で首を横にふる。

お題目を唱えていた当人は、お店のひとが注意しに行ったらすぐにやめたので、わたしもほっとしましたが、それまでの短い時間が、ほんとうに、いたたまれないようなきもちでした。

ひとと変わったことをしちゃいけない、って師匠が言っていましたが、あらためてそう思いました（笑）。スターバックスはコーヒーを飲むところであって、お経を唱えるところではない。

ひとと変わったことをせず、あたりまえのことをあたりまえにさせていただくとき、そこから見えてくるものがある。感謝し、反省し、出会ったひとみんなに敬意を払う。それがとことん大事だということは、まさに信仰の原点だと思います。

［二〇二二年二月一八日］

## 受け継がれる思い

「なぜこの職業をしていらっしゃるのですか?」

そう訊《き》かれたら、みなさんはどう答えますか? なんと答えていいのか、わからないことはありませんか?

「なんでお坊さんになったんですか?」

「どうして修行されたのですか?」

わたしもよく訊かれるのですが、あまりうまく答えることができません。たしかにきっかけらしきものはありますが、わたしの実感をいえば、与えられた仕事や役目を一生懸命こなしつつ精いっぱい歩んでいたら、いつのまにか現在のじぶんになっていた、というところです。

みなさんもほんとうをいえば、わたしとおんなじだと思います。一生懸命がんばっていたら、ふといまの立場にいるじぶんに気づくのです。

ふりかえってみれば、いろんなひとのお世話になりました。

小さいころ、明治生まれの祖母と、母と、わたしの三人で暮らしていた家はとても小さくて、六畳と八畳のふたつしか部屋がなく、八畳の部屋に祖母とわたしが暮らし、そこに神棚や仏壇、それから石でできた流し台の置かれた台所があるという家でした。

朝、目が覚めるころ、ばあちゃんは、いつも神棚にむかって柏手《かしわで》を打ち、仏壇の鐘を鳴らして拝む。毎朝線香を焚くので、中学校の制服ににおいが染みこんで、

「塩沼、線香臭いぞ」

と、同級生からよく言われました。

昭和五十年代になると、もう仏壇や神棚がない家もたくさんありました。わたしはたまたま、むかしながらの日本的な信仰心が残っていた家に生まれたからこそ素朴な信仰心をもつことができたと、あらためて幼ないころの環境に感謝しています。小さい家に、いつもかあちゃんとばあちゃんと一緒にいたからこそ、他人への気づかいや

こころくばりが自然と身についたのだと思います。

すべてを与えられた何不自由のない環境ではなかったからこそ、感謝のきもちが強くなり、食べるものも着るものもほとんどなかったからこそ、たすけてくれるひとがいて、ひとのこころの温かさを知り、涙することができました。

小さいころのわが家のしつけはとてもきびしいと感じていました。正直「窮屈《きゅうくつ》」と思ったこともありました。

月日が流れ、いまとなっては「ああ、ありがたいものだなあ」としみじみ実感することがあります。世界をまわり、帰国してからホームステイ先の外国のかたからメールが来て、そのなかに「ＲＹＯはパーフェクトジェントルマンだ」と書いてあったときは、こころから嬉しくなります。海外のひとから日本人がほめられることにこのうえない喜びを感じると同時に、なんどもなんども、くりかえししつけをしてくれた親に対して、その恩をしみじみと実感するのです。そして、マナーや、さりげない気づかいというのは全世界共通だとあらためて思うのです。

一九歳のとき、高校を卒業し、社会人になる年ごろになり、わたしは奈良の金峯山《きんぷせん》寺《じ》に修行に行きました。五條順教管長猊下《ごじょうじゅんきょうかんちょうげいか》とご縁があったことは、わたしにとって大きな幸せでした。師匠は非常にきびしく「八風《はっぷう》吹けども動ぜず」というおかたでしたが、とてもせんさいな面もおもちでした。弟子に対しては、すべてを見とおしていても、ひとつひとつはアドバイスせず、「伸びていくものはどんどん伸びていけ」。ですから、やる気のない者はそのままなのですが、やる気のあるひとも、やる気のないひとも、全員が師匠に敬服していて、頼りがいのある非常に魅力的なおかたでした。

師匠は数年前に他界しましたが、わたしはいまでもこころのなかで師につかえ、こころのなかで話しかけているときがあります。そんな師匠の思い出として、わたしが十代の終わりか二十代のはじめのころ、「師匠はすごいなあ」と、つくづく尊敬をおぼえた事件がありました。

ある日、ひとりの男性が、大声で怒鳴りながらお寺の事務所に入ってきました。お寺の職員が対応していたのですが、どうにも埒《らち》が開かず、みんながあたふたしているところへ、師匠が騒動をききつけて、二階からおりてこられて、ものすごい剣幕《けんまく》で「うえにあがってこい！」と怒鳴り返して、その男性を階上へ連れていきました。

「お師匠さん、大丈夫かなあ……」

事務所のひともわたしたち修行僧も心配でたまりません。

しばらくして、お師匠さんと男性がおりてきました。男性はニコニコ顔で、師匠もニコニコしているので、事務所で気を揉《も》んでいたみんなが呆気《あっけ》にとられていると、

「どうも、どうも」という感じで、その男性は手を振って帰っていきました。

「肝《きも》の座ったお師匠さんだなあ」

と、小僧のわたしたちもますます尊敬を深めたものでした。

また、こんなエピソードもあります。

観光シーズンになると、無断でお寺の境内《けいだい》に屋台をひらく焼き芋屋さんがいました。お寺としては迷惑千万です。

ある日、その焼き芋屋さんが「しゃば代です」といって、事務所に三万円置いていきました。おそらく断りもなく屋台で商売をしていたので、クレームが来ないうちに置いていったのでしょう。どうしたらよいかわからず、お師匠さんにもっていくと、

お師匠さんはこう言われました。

「よし、わかった。三万円ぶんの芋を買ってこい」

三万円ぶんの焼き芋は、両腕をまわしてかかえるくらいの分量があって、しかもとても熱いので、もって帰るのがたいへんでしたが、これもお師匠さんの人情でしょう。そんなふところの深いお師匠さんのもとで修行させていただいたからこそいまがあるのだと、すべてのご縁とご恩にこころ深く感謝しています。

ちなみに師匠は焼き芋が大好物でした。その三万円ぶんのお芋さんがどうなったか？　みなさんのご想像におまかせします（笑）。


ここでひとつ大切なことを申しあげたいと思います。それは、いついかなるときでもじぶんを磨こうとする向上心をもちつづけよう、ということです。

やる気があるかないかは、個々人のこころのもちようです。師匠であっても、ひとのこころをコントロールすることはできないし、もしできたとしても強制してはいけません。まして修行僧は、こちらからお願いして修行させていただいている立場ですので、日々精いっぱい精進するのがあたりまえです。師匠から注意を受けたりしたときに、不満を顔に出したりするひとは、絶対に伸びません。せっかくじぶんの悪いところや足りないところをアドバイスしていただいているのに、不満そうな顔を見せたり自己を主張したりしたのでは、「もうこのひとにはなにも言いたくない」と、だれでも思ってしまいます。

まずは一度受け入れて「二度とおなじ注意をされないぞ」という強い意思をもつことです。現代の若いひとは、育ってくる環境のなかで大人が真剣にむきあって叱ってくれたりする経験がないために、すぐに反発したり、「どうしていいかわからない」と落ちこんでしまったりする傾向があります。やはり注意してくれたかたに敬意を払い、相手の意見を尊重し、こころ深く反省し、そして、そのつぎの瞬間に前に一歩ふみだして、「こんどこそ挽回《ばんかい》するぞ」という向上心をもつことです。失敗したことをいつまでもくよくよしていても、どうにもなりません。すぎ去ったことは二度と戻ってきません。

まして憎くて叱るわけではありません。よほど不条理《ふじょうり》なことを言うひとや、じぶんの感情のままに叱るひと以外は、「このひとたちになんとか成長してほしい」という親ごころや愛情があるからこそきびしく指導するのです。その思いを吸収して伸びていくためには、教育されるがわのこころの受け皿も大事なのです。

もちろん教えるがわにも大切なことがあります。

教育は、「一方が教え、他方はそれを受ける」という一方通行の関係ではなりたちません。教えるがわの大人は、ただ知識や技術をもっているだけではダメで、子どもたちから尊敬されていなければならないのです。

ひとはだれでも尊敬できないひとの言うことはききません。じぶんを棚にあげて、口先ばかりできれいごとを並べるひとのことばをきけますか？　筋道のとおらない生きかたをしている師匠に説教されても、とてもきく気にならないでしょう。尊敬される大人であってこそ、子どもや弟子に真の生きかたを示すことができるのです。

また教えるがわは、子どもや弟子に、ほんとうの愛情をこめて指導しなくてはなりません。ひとをみちびくときにはきびしく言わなければならないこともかならずありますが、そのときに怒ってはいけません。二十分でも三十分でも怒るだけ怒り倒して、

「ああ、きもちがいい！」というひともいますけれど、こんなものはじぶんの感情をぶつけているにすぎませんから、結局、相手のこころを傷つけてしまうだけです。

叱るのは相手をいじめることではありません。じぶんの感情を無にして、子どもや弟子に対して、こころから「早く気づいてほしい。成長してほしい」と励ますことなのです。そのきもちがあってはじめて、きびしいことばのなかにもやさしさがにじみだし、やさしさゆえに、子どもや弟子のこころに敬慕の念が生じ、「じぶんもがんばってみよう」とやる気が起こって、ますます伸びていくことになるのです。

わたしたちは人生のなかでいろんなひとと出会います。いやみを言うひと、いじめるひと、足を引っ張るひと、そんなひとたちとも出会います。わたしも出会いました。思いもよらぬできごとにも遭遇《そうぐう》しました。

でも、ふりかえってみると、すべてのできごとに意味があったと思います。

ひょっとして、この青い空のてっぺんには仏さまや神さまがいて、わたしをほんとうに指導してくださるかたはその仏さまや神さまなのだけれど、直接ことばをかけたり叱ったりできないので、わたしが「いやだな」と思うひとのことばや行動をとおして、わたしを鍛えてくれたのではなかろうか。そうであれば、これまでわたしが出会ったいろんなひとたちは、きらいなひとも困ったひとも、みんなひっくるめて、実は、尊敬できるひとたちであって、ほんとうは感謝しなくてはならないのだ。

世の中はすべておたがいさま。迷惑をかけて、かけられて、おたがい成長していくのです。無理難題を言う弟子もいれば、なにを言っても馬耳東風《ばじとうふう》の弟子もいる。なかなか成長しない子どももいれば、おなじまちがいをくりかえす子どももいる。

「どうやったら、この子は伸びていくんだろう?」

「この子がじぶんの両の足で立って、ぐいぐい成長していけるような、そんなきっかけをつくってあげたいな」

そう思ってくふうを凝《こ》らし、懸命に指導していると、師匠も親もどんどん器《うつわ》が大きくなっていく。弟子や子どもを育てるなかにじぶんの成長もある。

一日は朝からはじまります。夜寝て、朝起きるごとに、わたしたちは生まれ変わっているのです。だから、師匠も、親も、弟子も、子どもも、「今日《きょう》こそきのうより上手に生きてみよう。もっと筋道の立った生きかたをしてみよう」と決意して、どんどん成長していきましょう。わたしはじぶんにも毎日そう言いきかせて、向上心を忘れず、努力をしています。これを人生の生涯の行といいます。

［二〇一二年三月一八日］

「すみません」

# 懺悔

来しかたをふりかえり、お師匠さんからいちばんはじめに教わったことはなんだろう、と記憶をたどれば、お坊さんになる得度式という儀式のとき、お師匠さんの前でおこなった懺悔《さんげ》に思いいいたります。

「あなたたちは、仏法——仏さまの教え——に触れあうまでは、人間としての正しい生きかたがわかっていなかった。そのために、じぶんが知ったうえで犯した罪も、知らずしらずに犯した罪もあるはずだ。本日このときより仏さまの教えにしたがって正しい道をきわめていく修行の道がはじまるのだから、ここで一度、おのれの罪、まちがい、いままで犯したあやまちを、すべて懺悔しなさい」

そうして手を合わせて懺悔文《さんげもん》を唱えます。お師匠さんが、

「いままでのじぶんの、もろもろの罪、けがれをお赦《ゆる》しください。これからは、もう二度といたしません」

という意味の経文《きょうもん》を唱えるごとに、わたしたちも師匠がお唱えしたように唱えます。

入門したばかりですから、正直、こころからの懺悔というにはほど遠く、いわば懺悔のまねごとにすぎません。けれどもお師匠さんが申されるように、ここが仏門のはじまりなのです。

一週間、一か月、一年、さらに長い年月のあいだ、修行の道はつづきます。春夏秋冬と季節はめぐり、さまざまなことを経験して、あるときまた、ふと原点に戻る。

原点とは何でしょう?

それは懺悔です。日々のじぶんのいたらなさに涙しながら懺悔する。

「申しわけございませんでした。二度とおなじあやまちをくりかえしません」

それは、こころの奥深い世界での反省です。何年も情熱をもって修行していると、こころの底から清水が湧きあがるように、自然とそう思える境地に出会うことができるのです。
「ああ、なるほど！　めぐりめぐってこころが落ちつくところはここなのか！」
わたしは澄みきった感動をおぼえました。

仏教は「慈悲のこころ」を説いています。キリスト教では、イエス・キリストが「自分を愛するように隣人を愛しなさい」（マルコによる福音書12章31）と言ったように、「博愛《はくあい》」が説かれます。

さらに、わたしたちの国には、聖徳太子がかの十七条憲法に「以和為貴」（和《わ》をもって貴《とうと》しと為《な》す）と書いたとおり、「和のこころ」というものがあります。

「和のこころ」をひとことでいえば、「いつくしみのこころをもって他をみちびく」ということです。利害が対立する流動的な人間関係の多岐《たき》にわたる選択肢のなかで、それでもなお、ひとひととの争いを避け、協調性をもち、仲よくやっていく道を探すことです。

「和のこころ」を実践するためには、相手のきもちがわからなくてはいけません。

少なくとも、わかろうと努力しなくてはいけません。

ひとのきもちがわかりもしないのに、そのひとにとってよいことのはずだ、といった勝手な思いこみで行動するのは、ただの善意の押し売りです。いつくしみでもないし、相手を尊重することにもなりません。相手のきもちをじぶんのことのように察して、おたがいを思いやるなかで、ひととひととのきずながつむがれます。相手がどう思うかわかってはじめて、問題の発生を避けることができます。行動の背後にあるきもちがわかれば、そのひとをほんとうに尊敬することもできるでしょう。

しかし、ひとのきもちがわかるということは、過去のじぶんのことばやおこないで、まわりのひとがどんな思いをいだいたかもわかるということです。どんなにつらかったか、悲しかったか、どれほどこころが痛んだか、まざまざとわかるのです。

だからこそ、みずからの罪やあやまちが痛切に自覚され、こころの底から「申しわけなかった！」といううきもちがこみあげる。そうしてはじめて、「わたしはほんとうに愚かだった。これからがんばろう」と、心機一転、新しいスタートを切る勇気も湧いてくるのです。

けっして簡単なことではありません。まずは身近な努力と実践の積み重ねによってしか、体得することはできません。

頭を剃って「さあ、お坊さんの修行がはじまりました」といって、いまから二千五百年前にはじまり現在にいたる仏教の、ありとあらゆる哲学・思想を書物から学んで、頭につめこんだとしても、それは知識だけのこと。知識だけが整ったところで、なにがどうなるものでもありません。

ひとに見えないところでの努力、行が大切です。行のきらいなお坊さんは、いつまでたっても成長しません。日常の行に、みずからプラスアルファして、ひとの見ていないところで功徳《くどく》をつむお坊さんは、三年、五年すると、ほんとうに、ぱっと花が咲くように、とても魅力的な人間になってくる。

ですから、みなさんも家に帰ったら、旦那《だんな》さん、奥さん、子どもさんのきもちを思いやって、どうしたら喜んでくれるかなと考えて、見えないところで、ひとくふうされたらいいと思います。明日のご飯をもっと美味《おい》しくつくろうとか、「いってらっしゃい」と声をかけるときの笑顔とか、些細なことでいいのです。そんなちょっとした実践の積み重ねが、みなさんをとても魅力的な人間にいたします。そして、夫から、妻から、子どもから、慕われ、尊敬され、円満な家庭が築けるのです。これがほんとうに幸せな家庭ではないかと思います。大げさに考えることはありません。なにかちょっとした身近な努力からはじめてみませんか。

［二〇二二年二月二二日］

# こころから謝る

「阿闍梨《あじゃり》さんにどうしても謝りたいことがあるんです！」

しばらく前、そんなことを言ってこられたかたがおりました。わたしに対してなにか失礼なことをしたというのです。でも、わたしにはこころあたりがありません。

もっともわたしは、たいがいのことでは腹が立たないのです。

と申しますか、怒りの感情をもつということは、じぶんの人生の運気がさがるような気がするのです。ひとになにかをされて迷惑をかけられたなんて意識しないくらい、じぶんじしんの人生を精いっぱいに、淡々と生きていたい。そのためには、まわりでなにが起きようととらわれず、感謝の世界につつまれていなければならないと思っているので、なにをされてもこころの底から腹が立つことはない。

「いや、そんな、なんともないですよ」

と申しあげるのですが、そのかたは一度来られただけではなく、またおいでになって、

「阿闍梨さんに謝りたいんです」

とおっしゃる。

「べつに怒ってもいないし、謝られることはなにもないのに……」

と、わたしは思っているわけで、どうにもふしぎなきもちだったのですが、そのときふと感じたのは、ただうわべだけで謝ればいいのか、ということでした。

なにかまちがいをしてしまったら、「ほんとうに申しわけございませんでした」と、こころの底から謝る。一回でいいと思うのです。謝るよりも大事なのは、おなじあやまちをくりかえさないということです。

「あっ、失敗してしまった」ということは、長い人生ですからどうしてもあるものです。まして、挑戦には失敗はつきものです。失敗して、痛い思いをして、人間は味が出てくる。年を重ねるたびに人間が大きくなって、燻《いぶ》し銀のような、内面からにじ

みでてくるものも生まれます。ですから、ひとが迷惑をかけたりかけられたりして成長するのは、おたがいさまだと思うのです。

ただ、世の中には、「ごめんなさい」と謝ることで、「ああ、いいよ。よしよし」と言ってなぐさめてもらいたいひとがいます。そう言ってもらえれば、こころが軽くなって、じぶんが満足するからでしょうか?

わたしはそれは違うと思うのです。

なにかまちがったことをし、申しわけないと思ったら、こころの底からひとこと、「すみませんでした」と謝り懺悔する。このこころからのひとことでいい。こころの底から湧きあがることばと態度が一体となった「ごめんなさい」になればいい。そして頭をあげた瞬間から、二度とおなじあやまちをくりかえさず、失点を挽回するよう必死で努力する。

「ごめんなさい」と言うことで、相手のやさしい赦《ゆる》しを待っているひとが求めているのは、実は、たんなる自己満足です。

転んでもいい。擦り傷、切り傷をたくさんつけて、それでもそこから立ちあがって前へ前へと進むこと。達磨《だるま》さんではありませんが、七転《ななころ》び八起《やお》き。この精神が大事なのです。

このあいだNHK教育テレビで、F1レーサーと日本人のフランス菓子職人が対談しているのを見て、たいへんな感銘を受けました。

世界最高峰の自動車レースであるF1は、百分の一秒どころか、千分の一、一万分の一秒の差で勝敗が決まることさえある、たいへんシビアな世界です。一方の菓子職人、パティシエというのは、〇・〇何グラム、言いかえれば、小数点以下二桁でレシピが決まる世界だそうです。極限で戦っているひととはこういうものかと驚いたのです。

そのときF1レーサーが言いました。

*No challenge, no chance.*

挑戦なくしてチャンスなし。挑戦してこそチャンスがある。

挑戦して失敗し、また挑戦して失敗し、挑戦をくりかえすたびに失敗したとしても、挑戦しつづけなければ次のチャンスはない。

だから失敗したときに、「ごめんなさい」「すみません」と謝って、赦《ゆる》されて、それで自己満足するのではなく、こころの底から「すみません」と謝ったそのつぎの瞬間に新たなスタートを切って、その「すみません」をとりかえす努力をしたほうがいい。新たなチャンスにひたむきにチャレンジしていく前むきなこころをもって、明るく生きていきましょう。

［二〇一三年八月二五日］

# 十九歳の反省

わたしは十九歳にして出家の道に入り、これまで二十五年以上この道を歩んでまいりました。そのあいだどんなものにもとらわれず、悲しいときには悲しいなりに、苦しいときは苦しいなりに、すべてを受けとめてこられたという自負《じふ》があります。それだけの強い信念をもつことができた。

その原点は何だったか。

それはある日の、わたしの大失敗です。

けっしてお師匠さんの顔に泥を塗ったり、大きな迷惑をかけるような失敗ではありません。しかし、わたしの胸に深くきざみこまれた失敗です。

あるとき師匠の自坊《じぼう》である東南院《とうなんいん》において、午後一時から大きな法要がある予定になっておりました。いつもなら十二時の時報とともに「お昼をおもちしました！」といって食事を部屋にお運びするのですが、その日は「お師匠さんはご自坊で昼食を召しあがる」と先輩からきかされておりました。

自坊というのはご自宅のことで、つまり、お寺で食事を用意しなくてもいいということです。食堂のおばちゃんたちにも先輩からきいたとおり、「お師匠さんは、ご自宅でお昼を召しあがって法要に参列されますので、食事は結構です」と連絡を入れました。

お師匠さんは、十二時になり十二時十分になってもお部屋から出てこられません。わたしはいつでも出発できるよう、車を門の前に横づけして、その前に立って待っておりましたが、十二時半、十二時三十五分、と時間が刻々《こくこく》とすぎていくので、気が気ではありません。

ようやくお師匠さんが出てこられました。ひどく不きげんなお顔で、わたしのほうに歩み寄ってきます。わたしは少しおいそぎいただくよう申しあげました。

「お車の用意をしましたので、どうぞ」

そうしたら、お師匠さんはわたしのほうをじろりと見て、低い声で、

「わしの昼はどうしたんや……」

そのひとことで、はっとしました。とんでもないことをしてしまった、と気がつきました。

お師匠さんにはなにかの事情で、例年とはちがうけれども、本山で昼食をとられるおつもりであった。当然、わたしがお昼をもってくるだろうと思っておられた。しかしわたしは先輩から「お師匠さんの食事は用意しなくてもいい」と言われたので、そう思いこんでいた。食堂のおばちゃんにもそう連絡した。しかし実は、肝心のことを忘れていた。わたしは先輩に確認をとったにもかかわらず、お師匠さんへの確認を怠っていたのです。

「たいへん申しわけございません！」

わたしはすぐさま、じぶんが百パーセント悪いと非をみとめました。ほんの〇・一秒か〇・二秒で、じぶんの大きなあやまちに気づきました。「先輩から言われましたので」というような言いわけなどしたくありません。人生にはどんな盲点があるかわ

かりません。その盲点まで確認して、しっかり準備を整えて、はじめてみなさんに喜んでもらえるのです。だから、これは百パーセントわたしのあやまちでした。

些細なことと思われるかもしれません。しかしこれが、わたしの情熱に火をともし、今日よりあすと、日々向上心をもってお坊さんをやってこられた原点でもあるのです。

それからわたしは自動車の後部座席で小さくなっていました。十九歳のわたしは、車のご用意はしたものの、お師匠さんの運転手をつとめるほどの経験はまだなかったので、お師匠さんがハンドルを握られ、わたしはうしろに座っての道ゆきとなったのです。

「ほんとうに申しわけない。こころから慕っているお師匠さんの食事を用意することができなかった……」

わたしは後悔にさいなまれ、恥ずかしくて身の置きどころがなくて、まるで厚さが二〜三ミリしかないような、ぺらぺらに薄っぺらくなったじぶんを感じました。お師匠さんもずっと無言です。空気がやけに重く、ほんの四〜五百メートルの距離が何十キロに、わずか数分ほどが何時間にも感じられました。

唯一の慰めは、「先輩がそう言ったのだから、じぶんは悪くありません！」というこころを少しももたず、〇・一秒くらいの時間に「一〇〇パーセントじぶんが悪い」と思いさだめて、こころから謝罪し反省できたことでした。

これはもしかしたら、母が小さいころから「ひとさまの迷惑になるようなことをしてはいけません」「ひとの痛みのわかる人間になりなさい」と、くりかえし教えてくれていたからかもしれません。

ひとの痛みがわからなければ、どうしても自我を押しとおしてしまいます。じぶんのことばや行動で、相手が悲しんだり苦しんだりするかもしれないことが、わからないからです。そんなひとは、家庭でも職場でも学校でも、まわりのひとの大きな負担になってしまうでしょう。

お坊さんはきびしい修行をし、社会人は仕事にはげみ、学生さんは学問にいそしみながら、ひとの痛みがわかり、礼節をわきまえ、思いやりのある人間になっていきます。自己の成長のための行を「自利の行」、多くのひとびとの幸福のための行を「利他の行」といいますが、自利と利他は表裏一体なのです。

車が法要の会場に着き、わたしのせいで一食抜くことになったお師匠さんは、そのまま法要に出られました。その説法は、まるでわたしに言いきかせているような、それでいて、あたたかさにあふれたもので、わたしは思わず涙しました。

「ひとにまごころを示すときは、ことばとこころとおこないがともなって、はじめて相手につたわるのだ。三つのうちのどれが欠けても、やさしさやまごころはつたわらない。いや、ときとして相手を怒らせ、悲しませてしまう。

ことばとこころとおこない、これを仏教で『身口意《しんくい》』という。『身』がおこない、『口』がことば、『意』はこころである。密教系のお寺さんでは『三密』といい、禅宗のお坊さんは『三業』というが、この三つがそろってこそ、ひとに真実がとどくのだ」

そしてお師匠さんは最後にこう言いました。

「こころのなかでいくらわしのことを大切に思ってくれるひとがいたとしても、行動がともなっていなければ、わしのこころにはとどかない」

十九歳のそんな経験があるからこそ、朝起きるたびに「今日一日、じぶんの人生の行を完璧につとめるぞ」という思いを新たにすることができます。一日が終わったら、「今日はどうだったかな? また、あしたがんばるぞ」と胸のうちで誓います。毎日がこのくりかえしです。

一年、三百六十五日、わたくしたちはどれだけまちがいを犯し、どれだけ失敗していることでしょう。通信簿をつけたとしたら、恥ずかしくてとても顔をあげられないと思います。日常の些事をあたりまえにできること、これこそがどうしようもなく大切なことなのです。あたりまえのことが、まずあたりまえにできるようになる。そこからが人生の新たなはじまりといえるでしょう。

[二〇一三年三月一七日]

## しゃあないなあ

お歳を召したお坊さんや尼僧さんとお話ししておりますと、出家者が最後にどういう境地に到達するのか俄然《がぜん》興味が湧いてまいります。お話をきいていると、共通点がひとつある。つきつめてもどうにもならない話には、尼僧さんですと「しょうがありませんねえ」、男僧でしたら「しゃあないなあ」といったことばが多くなるのです。

人生にはよいこともそうでないこともかならずあって、ひとつの境地に到ることができたお坊さんにさえ、ときとして思いもよらぬことが訪れます。悟ったのだから身のまわりで起きるのはよいことばかり、悪いことや悲しいこと、つらいことは起こりません、というわけにはいかないのです。

ただ、ひとつの境地を得たお坊さんのばあいには、その受けとめかたがちがいます。

人生にはプラスもマイナスもあることをわきまえて、身近に起きるできごとに一喜一憂しない姿勢が、歳とともに養われていくからです。

わたしもよく「人生にはよいことも悪いことも半分半分ですよ」と申します。そうであれば、一時的なできごとにこころ乱されるのではなく、つぎに訪れるよきことを待ちながら、悲しいときは悲しいなりに、つらいときはつらいなりに、楽しむこともできるでしょう。こころを鍛えることによって、そんな余裕も生まれます。そのためにきびしい修行を通じて動じないこころを養うのです。

わたしのお師匠さんもいのちがけの修行をしたかたでありました。しかし、けっしてひとに自慢したりしませんでした。わたしはお師匠さんの修行の数々を、お茶を飲みながらききかせていただいたり、ご著書を読んだりして知りましたけれども、お師匠さんじしんがつねづね言っていたのは、「日常が大切だ」ということでした。一年に三百六十五日あるならば、三百六十五日を行ととらえ、一日に二十四時間あるならば、二十四時間を行ととらえ、さらに、いまをすぎゆく一瞬一瞬を行とすべし。

日常のあたりまえを行ととらえられないお坊さんは、お坊さん失格ということにな

ります。たとえば、

「わたしは本山に何年もこもって、これだけのつらい行をしてきた」

なんて自慢するお坊さんがいたら、

「ああ、そうですか。それはたいへんでしたね」

と、きき流して対応してあげるしかありません。お坊さんにしろ一般の人にしろ、じぶんじしんの日常をきわめていくところに、人生の行があるのです。

仏教は声高に「世のため、ひとのため」とは言いません。ある日師匠が「世のためひとのためと言っている者にかぎって、じぶんのためにやっている人間がおる。だから『人《ひと》』の『為《ため》』と書いて『偽り』というんだ」とおっしゃっていました。ひとりひとりがみずからの悟りを求め、苦しみや悲しみを、苦しいときは苦しいなりに、悲しいときは悲しいなりに受けとめて、けっしてこころの針がマイナスの方向にふれない。そのこころを養うのが仏教です。

それができれば、まわりのひとびとにもかならず喜んでいただけるのですから、あらためて「世のため、ひとのため」と口にしなくても、ちゃんと世のためひとのためになっているのです。

［二〇一三年三月一七日］

# じぶんのこころを見つめる

人間関係は、ひとが生まれたその瞬間からついてまわります。食べものに好ききらいがあるように、人間にも好ききらいはかならずあって、いやがらせをするひと、気に障ることばかり口にするひと、こんなひととはもう顔を合わせるのもいやだというひとと出会ってしまうのが、世のさだめというものです。

こういう苦しみを仏教で「怨憎会苦《おんぞうえく》」といいますが、会いたくない相手に出逢うのは、いつの世も苦しいことなのでしょう。

しかし、よく考えてみたいのです。会うひと、会うひと、みんな心地よいことばかり言ってくれるとしたら、そのひとはけっして人間的に成長できないのではないでしょうか。そうであれば、じぶんの苦手な相手と出会うのも、この世の修行のひとつにちがいありません。

とはいえ、わたしにも若いころとても苦手なひとがいました。そして、そのひととの関係は、わたしにもなかなか克服できない難問でした。

そのひとと出会うとき、どうしたらそのひとのこころをひらいてあげられるのだろうかと思い、どうやったらこのひととわかりあえるだろうかと考え、じぶんなりに一生懸命研究もしましたが、それでも答えはわかりませんでした。

しかし、わたしはあきらめませんでした。つねに「この難題を克服したい」という意思をこころのどこかにもって一日一日を暮らしていました。するとほんとうに、ある日突然だったのですが、思いもかけず、すっと克服できる瞬間をむかえたのです。

そのときわたしは、はじめてこころの底から懺悔して、じぶんを省《かえり》みることができました。

そのひとは言ってもいないことを「言った」と言うこともあるし、やってもいないことを「やった」と言う、たいへん意地が悪い、といったら失礼ですが、そういう存在でした。それまでは、そのひととむかいあうと嫌悪感が湧くのをどうにも抑えきれませんでした。でも、このときわたしは、いままでそのひとを受け入れられなかったじぶんを恥じました。

もしじぶんがそのひとをはるかにしのぐ大きなこころのもちぬしであったなら、そのひとを魅了するほど人間的に大きな器があったなら、そのひとからもっと早く笑顔を引きだせていたかもしれません。しかし現実には、そのひととむかいあった瞬間に、いやでいやでしかたがないといううきもちが湧きあがり、それにとらわれてしまっていたのです。わたしの器は小さくて、そのひとになにかされるたび、「どうしてあんなことをするんだろう……」と、こころのなかで愚痴《ぐち》をこぼし、相手を責めていたのでしょう。

相手のこころを変えるというのではなく、じぶんがこころをひらくと、自然に相手もこころをひらいてくれるばあいもある。もちろん、いつもそうとはかぎりません。それでも肝要なのはじぶんのこころです。

出会った瞬間にそのひとをいやだと思っていたわたしは、じぶんのこころの針がマイナスの方向にかたむいていた。おのれのこころをよく見つめて、じぶんのこころをコントロールして、どんなひとにもわけへだてなく、素直にやさしさを表現できるわたしであれば、もっとじぶんじしんを幸せにできるし、まわりのひとびとにももっと幸せになってもらえるはずなのです。

わたしたちの現実は、思いどおりにならないことばかりです。

この世に生を受けたものは、やがて年をとり、いつの日か病《やまい》になって、死んでゆく。いわばオギャーと生まれたその瞬間に、死が宣告されているようなものです。お釈迦さまはこの苦しみをまとめて「生老病死《しょうろうびょうし》」の四苦と言われました。生まれてくれば思いどおりにならないことがあり、それに耐えるのは苦しい。年老いるのも苦しい、病になるのも苦しい、そして、死ぬことも苦しいという、生あるものに平等に与えられたさだめのなかで、わたしたちは生きている。

思いどおりにならない人生のなかで、どうすれば魂から湧きあがるような喜びを感じ、「生きている」と実感し、感謝のきもちをもつことができるのか。すべてはじぶんのこころしだいです。よいこともあれば悪いこともある。このさだめを胸にきざんで、悪いめぐりあわせのときにも、じぶんのこころのまんなかにある針を、一ミリもマイナスの方向にかたむけずに、一ミリでいいからプラスのほうへ踏みとどまる。一生懸命プラスの方向にむいてがんばっていれば、そのぶんよいことだってめぐってくる。どうやら人生というものは、そんなふうにできているようです。人生の最後の最後の瞬間に、「この世に生まれてきてよかったな、ありがたいな」と感謝のきもちをいだくことができるように、一日一日を精いっぱい生きていきましょう。

人生は毎日が修行です。そして日常が修行です。ついイラッとしたり、ムッとしたりするときがあるかもしれませんが、できるだけ早めに明るいこころをとりもどすよう、こころがけてください。

［二〇二二年二月二五日］

# 反省の奥深さ

みなさんがとても尊敬しているひとが大切にしているもの、たとえば茶碗を割ってしまったとしましょう。

「とんでもないことをしてしまった！」

顔面蒼白になるかもしれません。あなたは重い足どりで尊敬しているひとのところに行って、身のちぢむ思いで、腋《わき》のしたに汗をかきながら、

「申しわけありませんでした」

と謝ります。幸いなことに、あなたの尊敬するひとは大して気にするようすもなく、にこにこ笑いながら、

「いいよ。これからは気をつけてね。まちがいはだれにでもあるから」

と言ってくれました。

「ああ、よかった！」

みなさんは胸をなでおろして、その場を立ち去るでしょう。

しかし、それでいいのでしょうか？　じぶんの不注意を謝罪し、反省のこころをあらわして、相手が受け入れてくれれば、それでいいのかというと、もうひとつ深い世界で反省しなければならないことがあります。

あなたが割ってしまった茶碗は、あなたの不注意がなければ、これから先も、何百人、何千人の口もとにお茶を運ぶことができたでしょう。そんな尊い存在だったのです。しかし、あなたの不注意によって茶碗のいのちは失われた。だから、謝って許してもらったからといってそれでよしとするのでなく、その奥にある茶碗の深い悲しみと苦しみを知らなければならないし、相手の痛みを知ることのできる人間でなければいけないのです。わたしもそんな人間になりたいと、理想を追いつづけてきました。

修行道場に入ったばかりのころ、こんなできごとがありました。

真夏の気温が三十度を超えるなか、大きな炎があがるすぐそばで、護摩《ごま》を焚《た》くのはとても体力を消耗します。当時、お師匠さんはすでに六十をすぎていましたから、さぞお疲れになるだろうと思いました。わたしは、護摩が終わったあとにお師匠さんに冷たい麦茶を飲んでいただきたいと、じぶんのお小づかいで買った麦茶を煎《せん》じて冷蔵庫で冷やしておいたのを、氷の入ったコップに入れて、お師匠さんにもっていきました。

月に一度、二十八日の午前十一時から護摩があります。

わたしはそのたびごと、お師匠さんのことを思って冷たい麦茶をお出しするのに、お師匠さんは一回も飲んでくれないのです。

護摩の日だけでなく、夏の暑い日がつづくころにも、毎日新しく麦茶を煎じて冷蔵庫に入れておいて、「お師匠さん、のどが渇いたときに飲んでください」と申しあげるのですが、やはりまったく飲んでいただけません。

三か月ほどがすぎ、やはり護摩が終わったあとに氷を入れた麦茶をおもちしましたが、お師匠さんは食事はされたのに、麦茶は飲んでくれませんでした。

横に食堂のおばちゃんがふたりいて、わたしが毎回冷たい麦茶を出しているのに気づいて言いました。

「何しとんねん？」

「いや、お師匠さんがぜんぜん飲んでくれないんです」

「あたりまえや。歳をとったら、冷たいのは飲まんのや」

「ああ……」

完全にわたしの空まわりでした。わたしはよかれと思って、お師匠さんに冷たい麦茶をお出ししていたのに、お歳を召したお師匠さんは、冷たい麦茶よりもお湯のほうが嬉しかったのです。わたしは深い世界での相手のきもちがわかっていませんでした。ひとの痛みや苦しみがわかっていませんでした。

じぶんの愚かさをつくづく思い知らされたできごとですが、いまとなっては、がむしゃらに情熱をもって歩んでいた十代、二十代のころを、はずかしくもあり、またなつかしくも思います。

人生にはいろいろなことがあります。そのなかで苦闘しながら経験を積み重ねていくうちに、ひとの痛みや苦しみがわかる魅力的な人間に成長していくのだなあと、そしてやがてこの世を去るときが来ても、つぎの時代のこころの肥やしとなるような、そんな人生を送りたいものだと思います。

［二〇一二年六月三日］

# 祈るこころ

日常のことばづかいや生活態度をきちんとするといった、とりたてて特別なことでもない、あたりまえのことをあたりまえにきちんとおこなうことで、おどろくほど人生がよいほうに転じたり、よいことが起きたり、また、つらいこと悲しいことが起こっても、打ちひしがれたり狼狽《ろうばい》したりせず、素直に受け入れることができるような、そんなほんとうのこころの幸せを得ることがあります。

わたしもいろいろなお坊さんとお会いするなかで、なにかひとつ突きぬけた世界観をおもちの一本芯のとおったお坊さんに対面する幸せにめぐまれて、「これはすごい」と、こころのなかで叫びたくなったことが何度かありますけれども、興味深いことに、そんなお坊さんたちに共通しているのは、あまりにもふつうの日常を送っていらっしやるということです。みなさん、口をそろえてこうおっしゃる。

「ひとと変わったことをしたらいかん。あたりまえのことをし、毎日を精いっぱい生きていくだけだ」

もちろんその境地に到達するまでには、さまざまな修行を積まれ、いろんな悩みや苦しみを突き抜けてこられたわけですが、そのはてに、日常を大切にするということに到るのです。

そうでないひとといったら失礼ですが、そういうかたに限って、かたちにこだわったり、いばったり、感情にまかせて怒ったりする傾向があるように思えてなりません。ほんとうにすごいひとは、まわりのひとから見ても、実にふつうに見えるのです。

日常のことをきちんとしていると、人生がふしぎとよい方向に運ばれていくということが、長いあいだお坊さんをやっていると、だんだんとわかってまいります。逆にそこをおろそかにしていると、人生がとんでもない方向にそれてしまうことも、じぶんじしんが痛い思いをたくさん経験しているので、よくわかっています。おかげで下手なことは怖くてできなくなるものです。

だれしもこころのなかでは「幸せになりたい」と思っています。「不幸になりたい」と思って生きているひとは、この世の中にはいません。でも、三度三度のご飯が食べられて、健康で働くことができる、そんな小さな幸せにも感謝して、「わたしは幸せだな」と思うことができるひともいれば、大きな幸せにつつまれていても感謝できず、「わたしはなんでこんなに不幸なんだろう」と愚痴ばかりのひともいます。はたから見れば、ほんとうに幸せいっぱいで、不自由ない生活ができてうらやましい、と思われているひとでも、胸のうちには「もっともっと」というこころがあふれていて、どうしても満たされず、こころの安穏《あんのん》が得られなかったりする。

結局、幸せの基準はひとそれぞれちがうのです。しかしそれでは、どうやってその基準を見さだめて、じぶんのこころをコントロールすればよいのでしょうか。

日常のなかで、わたしたちのこころが、ついつまらないことにとらわれることはよくあります。たとえば、生きていくためにはなにかを食べなければなりません。着るものも住むところも必要です。寝なければならないし、遊びたいと思うこともあるでしょう。

しかし、一時の感覚を満たすものにとらわれて幸せだと思っても、ただそれだけのことにすぎません。たくさん食べてもやがてお腹は減ってきますし、どんなにおいしいものを食べても、舌のうえからのどをとおるまでの、一瞬の幸せにすぎません。今日はもっと寝ていたいと思っても、ずっと寝ていたら、仕事や学校に遅刻して、たいへんなことになるでしょう。この「もっと、もっと……」「いまの幸せが永遠に……」というきもちがやっかいです。

そんな一瞬の幸せばかりではなくて、生きるべき道をしっかりと歩んでいこうとじぶんに言いきかせ、どんなときでもこころがマイナスの方向にむかないよう、つまり足ることを知り、ほんとうのこころの幸せにむかって生きていくという幸せの基準を、じぶんのものにすることをおすすめいたします。

世界中にはいろいろな宗教がありますが、どんな宗教でも、その説く真理を根本的に見つめれば、ひとはどのように生きるべきかというテーマに帰着します。宗教どうしで、どの教えがいちばんかといって競いあう必要はないのです。世界には、その土地の民族に根ざして生まれたさまざまな宗教、すなわち民族宗教がある一方、神の啓《けい》示《じ》を受け、あるいは、修行のはてにある境地に達したひとが遺《のこ》した偉大な宗教もあります。後者は国や民族をまたいで伝播《でんぱ》していきますので、前者の民族宗教に対して世界宗教といいます。でも両者をふくめて、ひとはいかに生きたらいいのかという教え、これが宗教なのです。

宗教には必ず「祈り」があります。仏教だけではありません。キリスト教にもイスラム教にも、ヒンドゥー教にも、かならずある。

わたしたちの生まれたこの日本もそうです。むかしは、朝起きて、神棚や仏壇にむかって手を合わせて、「神さま、仏さま、今日も一日どうぞお守りください」と、お祈りしてから学校や会社に行くという教えがしっかりあった。

それは今日も一日こころ正しく生きていこうときもちを新たにすることでもあり、だらしなく生きるのではなく、ちゃんと生きていこう、そして、なるべく理想的な生きかたができますように、あすはきょうより一ミリでも二ミリでも成長していきますように、と願うこころです。それが信仰心です。

であれば、信仰心とは、みずからをコントロールしようとするこころなのです。だからこそ、素朴な信仰心が大切です。

そうはいっても簡単にはいきません。わたしたちにはちゃんと生きていこうというこころがありながら、欲やむさぼりの方向に流されるちからのほうが強いという、どうにもならない性質があります。鍛錬がないまま漠然と俗世間に生きていると、もっと食べたい、もっと遊びたい、という悪い方向に、こころは知らずしらずのうちに動いてゆきます。

そこに「ちゃんとなりますように」という祈りの意味があるのです。

わたしは毎朝の勤行のとき、この慈眼寺《じげんじ》にお参りしてくださるひとすべての善願《ぜんがん》成就《じょうじゅ》がなりますようにと祈念します。みなさんの願いはほんとうにさまざまですけれども、善願、つまり「よい願い」、みなさんのそんな願いがかないますように、仏さまにお祈りをするのです。

また、第一と第三日曜日に護摩を修法《しゅほう》しています。みなさんと一時間、護摩という祈りを共有する。そうすると、もっと正しく生きてみよう、反省すべきときは反省してみようという、みなさんのこころの動きが天地に通じ、ひとりひとりのこころのなかにあるよい願いが成就していくのです。

わたくしたちの人生を切りひらくのはわたくしたちじしんです。けっしてべつのだれかではありません。あくまでもじぶんのこころやおこないが、じぶんの人生を変えていくのです。わたくしの行でもあり、またみなさんのお手つだいであり、一瞬の雑念もゆるさないというこころで一時間、熱い炎の前で祈りつづけるすがたを見て、「じぶんもがんばってみよう」と思うこころが天地に通じ、光ある人生に運ばれるのです。

みなさんも、日常ふと気づいたときに、こころのなかで祈りとともにある、そういう人生になればいいのではないでしょうか。じぶんのきもちをコントロールできるように、あるいは、まわりのひとたちと明るく楽しいときを刻めますように、といった善き祈りをしていると、まわりまわって、じぶんの人生も光ある方向にみちびかれていきます。そうすると、正しく生きていくための智慧《ちえ》がそなわってきます。じぶんのこころとことばとおこないをよく見さだめて、智慧を働かせて制御するちからです。

ここで智慧というのは、仏さまの智慧というときの智慧です。この智慧で、じぶんのこころがちょっと悪いほうをむいているなと思ったら、それをまっすぐにむけるちからがそなわります。そして、だんだんと、怠惰《たいだ》に生きるよりちゃんとして生きようとするちからのほうが自然に強くなります。

自転車に乗るのとおんなじです。一度できるようになれば、それ以降ずっと、じぶんのこころを感覚的にコントロールできるようになります。

歳をとって、六十歳、七十歳になっても、まださぼりのきもちのまま生きていたら、そのひとからは、どうにも尊敬できないふんいきが漂ってしまうでしょう。お子さんやお孫さんから「一緒にいるとほっとする」と言ってもらえるような、ひとを魅了するふんいきを漂わせた、すばらしい大人たちが増えていったらいいな、と、わたしはいつも思うのです。

［二〇二二年二月二日］

## さらなる成長のために

本来「行」というのは、ひとしれず山中にてじぶんじしんを深く見つめ、あまりめだたないようにおこなうものです。

世間は、めずらしいこと、ひとと変わったことをすると、一時的に注目してはやしたてます。地位や名声を勝手につくりあげてしまうときさえあります。

お坊さんの行は、そういうものに、いっさい価値を置きません。ただ自己を見つめ、精いっぱいの情熱をもって、日々おなじことをくりかえしていくなかで、自然とひととして大切な一本の道が明らかになり、知らないうちにその道を歩いていけるようになってくる。そこに価値があるのです。

たとえば学歴を例にとると、大学を出て、大学院の修士課程で専門論文を書いたとしたら、それじたいはまことに意義のあることです。しかし研究はとっくにやめ、現在はまったくなんの努力もせずにすごしているのに、いつまでもどこどこ大学卒・大学院修了という過去の栄光にしがみつき、それを自慢し、だれからも尊敬されないような生きかたをしているのでは、どんな学歴も光りかがやく宝ものではありえません。

わたしたち僧侶はひとけのない山中で、一定の期間、行をいたします。たとえば百日間の山のなかでの修行に入るとしましょう。一生懸命やっても百日ですが、手を抜いても百日です。ひとの目はごまかせても、天の御仏の目とじぶんのこころをごまかすことはできません。精いっぱいやりきってこそ、それからの人生の宝ものになるのです。

「わたしはかつて、百日間の難行をしましてね」

そんなことを自慢したとしても、実は行の途中で情熱を失って、弱気になって、

「行きたくないなあ……」

「やりたくないけど、みんなが見てるから……」

というきもちになった日がたった一日でもあったとしたら、それは百点満点の修行

ではありません。そして、けっしてやりなおしはきかないのです。

そう考えると、行というものはとても怖い。たった一日でも、あとで後悔する日があったならば、「わたしは精いっぱい修行しぬいた」と、みなさんの前で、胸を張って言いきることができません。ことばや態度でごまかすことは簡単ですが、じぶんのこころの記憶にきざまれた後悔の念は、けっして拭い去ることができませんし、そのひとがかもしだすふんいきにも、おのずとあらわれてしまいます。


「こんなことをしたら、神さま仏さまの罰があたるよ」

と言われたことはないでしょうか？　でも神さま仏さまは、けっして罰はあてません。ただ、そこにいてくださるだけ、わたしたちを見守ってくださっているだけなのです。

因果応報といいます。いまじぶんが生きているように、いまのじぶんのこころのありようによって、これからの人生が決まってきます。

きのうの夕方、西の空に赫奕《かくやく》と沈みゆくお天道《てんとう》さまを見ました。けさ空を見あげると、東の空にお天道さまが昇ってきていました。突きつめれば、人生はそのくりかえしです。

三度三度、ご飯と味噌汁とお漬物をいただいて、家には屋根があって、布団があって、お風呂がある。それだけで感謝のきもちでいっぱいになりたいものです。精いっぱい、そして素直に謙虚に生きていれば、たとえいまわからなくても、いつかわかるときがくるでしょう。「ああ、こうだったんだ！」と、自然にうなずける日が来るのです。

しかし、たとえ夕空に鴉《からす》の声をきいて、忽然大悟《こつねんたいご》しても、なにかの拍子にまばゆい光がこころのなかにひらめいても、そこで努力をやめてしまったら、まだ見ぬ、もうひとつ高みにある、つぎなる悟りと出会うことはできません。

オギャーと生まれて、あの世に行くまで、人生はことごとく行なのです。ならばこそ、きょう一日、いや、いまをすぎゆく一瞬一瞬でさえ、じぶんのきもちが悪い方向にとらわれないように、こころの針が一ミリでもプラスのほうにむいているように、みずからを律しつづけなければなりません。もしなにかにとらわれているじぶんを見つけたら、すぐに反省し、しきりなおしをして、「またやりなおしてみよう」といって新しいスタートを切りましょう。

たとえ一生懸命がんばっていても、どうしようもなくひとをねたんだり、こころがマイナスの方向にむいていくことは一瞬あるかもしれません。そのとき「これではだめだ」としっかり自覚して、きもちを切りかえて、光りかがやく世界へ生きていくようにつとめると、だんだんと光の世界のほうが心地よくなってきます。

「なんであのひとばっかり？」

「どうしてわたしがこんな目に遭わなきゃならないの？」

そんな思いはだれにでもあります。うらみ、憎しみ、ねたみ、そねみは、ひとのこころの事実です。しかし、そうしたこころにとらわれていたら、悪循環を起こして、ネガティヴな感情はますます増幅され、われとわれから闇の世界を肥大化させることになるでしょう。

じぶんがいま呼吸をしていること、いのちがあることにまず感謝し、みずからのいたらぬ点や、胸のうちにくすぶる悪い感情を、日々反省しなければなりません。「じぶんが一番だ」などという思いがこころを支配していたのでは、成長はそこでとまってしまいます。

「損か得か」で行動を決める世間の処世術は、けっして上手といえない生きかたです。損得を考えず、どんなひとにでも敬意を払い、おたがいを尊重して生きていくことができれば、みんなとても心地よい世界になることでしょう。

みんなが胸のなかにお天道さまのようなこころをもって、明るく楽しく生活できる環境が理想的です。それはけっして大げさなことではありません。ただ、きょう一日を精いっぱい生きるということであり、みんながこころのなかにいつも「お天道さまが見ているよ」という素朴な信仰心をもつことなのです。

〔二〇二二年八月二六日〕

「はい」

## 教育のさじかげん

子育てで手を焼いた経験のある、あるいは、いま手を焼いている真っ最中というお父さんやお母さんは大勢いらっしゃると思います。どうしてうちの子どもは親に反抗したり口答えしたりするのだろう。なぜこんなに言うことをきかないんだろう。そんなふうに頭を痛めている親御さんは、たくさんいらっしゃるのではないでしょうか。

教育はわたしたちにとってたいへん身近で、しかも悩みの多い問題です。

いつだったでしょうか、経営コンサルタント会社のかたが、その会社の経営者の方針として、およそつぎのようなことをおっしゃいました。

「わが社はいろんな企業をサポートしておりますが、理念として一番大事なのは、『長所しか見ない』ということです。短所を見てはいけない。クライアントの短所を見つけ、否定して伸びた例はひとつもない。とにかくほめる。長所を見つけてほめる。長所を見つけて短所が見えなくなったら社員として一人前だ、と、そういう教育をされたものです」

そういう考えもすばらしいとは思います。しかし、昭和の家庭で教育を受け、修行道場のなかで生きてきた経験がはぐくんだ、わたしのいまの考えは少しちがいます。

しばらく前に「子どもはほめて育てろ」ということばをきいたことがあります。しかし、わたしがきょうみなさんにお伝えしたいのは、このことばではございません。正直に申しますと、わたしはいまから二十数年前から「ほめて育てる」ということばに違和感を感じておりました。

経営コンサルタントの話をきいて、わたしなりに思ったことは、経営と家庭の教育、いわゆる躾《しつけ》はまるっきり違う、ということです。

企業の業績が悪いからコンサルタントを頼む場合がある。したがって業績がV字回復しなければ、コンサルタントの意味はありません。しかしクライアントはお客さまですから、当然ほめて長所をさらに伸ばし、結果がでなければなりません。

一方、教育においては、幼いころからほめてばかりいて子どもがまっすぐ育った、というのをわたしは見たことがありませんし、もっといえば、ほめてばかり育てた結果が、マナーや常識においてさまざまな問題をかかえている日本の現状ではないでしょうか。親の言うこともきかない。約束も守らない。先生と生徒の力関係が逆転してどうにもならないという話も……。

海外の学校を訪問したとき先生方と意見を交換したところ、「日本の子どもたちの教育は、もっとルールをきびしくしたほうがいい」と言われたことがあります。私は日本のほうがしつけはきびしいと思っておりましたが、そう言われて、むかしといまではぜんぜん違うことに気がつきました。

ふりかえると、わたしはじぶんの親からほめられた経験がほとんどありません。わたしのお師匠さんもほめてくれたことはほとんどない。とにかく叱られ、きびしい窮屈な教育を強いられてまいりました。でも時折、ごくまれにほめられることがある。それがまた、こころの潤いになり、またがんばる。要するに、失敗体験と成功体験のどちらも必要であり、努力をほめるということです。

いままでの人生をふりかえってみると、わたしの母は二度だけ、わたしをほめてくれたことがあります。

一度目はわたしが二十三、四歳のころでした。

わたしは十九歳のときに吉野の山へ修行に行き、四年間の小僧生活をしてから、千日回峰行に入りました。

ちょうどそのころ、わたしの同級生がプロ野球選手になって活躍していました。名前をいえば、だれでも知っているようなピッチャーですが、すばらしい感動を国民に与えていました。じぶんはおない年なのに、だれに知られることもなく暗い山道を歩いているだけで、なにも達成していないのがどうにも歯痒くて、九月の行を終えたとき、つい仙台の母についこんな愚痴を言ってしまいました。

「母さん、おれはこんなことを思ってしまった。おれは、まだまだダメだ……」

すると母はこう言ってくれたのです。

「そんなことはないんじゃないの。亮潤の友だちは百六十キロの剛速球を投げられるかもしれない。だけど、四十八キロの山道を、年間四か月、毎日十六時間かけて歩くなんて絶対できないと思う。亮潤は亮潤なりにすばらしい道を歩んでいると思う」

人生のなかではじめてほめてくれたそのことばが、わたしの自信になりました。その宝ものがあり、そのときおぼえた感動があるからこそ、それから先のつらさも困難も乗りこえることができるのです。

仙台に帰ってきてお寺を建立するときもそうでした。

わたしは山で修行したことはあっても、師匠として修行僧を指導したこともなく、住職の経験もまったくありません。ましてお寺をつくったことはないわけです。わたしのお師匠さんでさえ「こんな話はきいたことがない」という異例ずくめの状態で、手さぐりの日々をすごしているうちに、わたしの存在をききつけたひとたちから、いつしか「本を書いてください」「講演をお願いします」という依頼をいただけるようになりました。

でも母は「亮潤が一人前になるまでは講演をききにいかない」と言いました。じぶんの息子が講演会をするとなったら、真っ先にききにいって「よかったよ」とほめちぎるのが現代の親かもしれませんが、親戚が来ても母は来ない。

母がはじめて来てくれたのは、それから数年がたって、わたしが四十歳くらいのときだったでしょうか。仙台でひらかれた千人くらいのひとが集まる講演会のときでした。生まれてはじめてわたしの講演をきいた母は、

「まだまだ深みがないなあ。もっといろんな体験をして、深みのある、こころにひびくお話ができるようになるといいね……。七十歳をこえたらいいお坊さんになると思う。そのときが楽しみだ」

きびしいといえばきびしいひとことですが、愛情のあるひとことでもあり、親でなければ言えないことばでもあります。かえって「いつかみなさんに満足していただける講演ができるようになりたい」というきもちもさらに高まったのです。

それから歯を食いしばってがんばった結果、数年後のある日、母がどこかの講演会にまぎれこんでいて、「ほんとうにいい話をするようになったね」と努力を称えてくれたわけです。

これが親にほめてもらった人生のなかでたった二回のできごとです。

結局、これまでのじぶんの人生のなかで親にほめてもらったのは、この二回きりで

す。一方、しつけの面で叱られたことといったら、ものごころついてから現在まで、何千回、何万回あるかわかりません。でも、たったの二回ではありますが、親にほめてもらったことがものすごく嬉しくて、わたしの生涯の宝ものになったのです。

思うに、努力以外のところをほめられてばかりいる子どもは、かえって、そのありがたさが薄れてしまうのではないでしょうか。たとえば、十回のうち九回ほめられて一回叱られた子どもは、叱られたことの衝撃が大きくて、それまで九回ほめてもらったことは記憶のかなたへふっとんで、親にうらみや憎しみをいだくかもしれません。ですから子どもをほめるときには、ころあいをみはからって、さらに成長するように上手にほめなければなりません。

教育は、親と子、学校の先生と生徒が、おたがいの人格を尊重しつつ、全人格をぶつけあいながら成長していく、わたしたちにとって大事な学びのひとつです。

「親に口答えをしてはいけません」

「好ききらいをしてはいけません」

「約束を守り、嘘をついてはいけません」

この三つは、子どもが小さいころからしっかり教え、訓練していかなければなりません。

この教育さえしっかりしていれば、将来社会に出たときに、ひととの約束をきちんと守る人間になりますし、上司や目上のかたに対して反抗的な態度をとって、相手に不快感を与えることもありません。好ききらいをしないように徹底的にしつけていると、好きなひとでもきらいなひとでも、いやな仕事がまわってきても、わけへだてをしないやさしさを身につけることができる、思いやりある人間に育つのです。

単純で簡単なことのように思われるかもしれません。しかしこの三つをしっかり教えるには、訓練でもありますから、相当な時間がかかると思います。子どもを社会に送りだすまでのあいだ、親御さんはことあるごとにむきあっていかなくてはいけません。親が育てたように子どもは育つのです。

この三つをしっかり身につけていなければ、わがまま気ままに育ってしまい、つねにほめられ、つねに気分がいい状態でいなければ気がすまず、じぶんにとって心地いいことばかり好む人間になってしまいます。

そんな子どもが社会に出ていっても、人間関係がうまくいくわけがありません。たとえ一万回褒められても、一万一回目に叱られたら、それまでの一万回もぜんぶうらみになってしまう、そんな不幸な子どもを育ててはいけないのです。

教育とは人格と人格のぶつかりあいです。だからいちばん大切なのは家庭です。会社や学校も大事ですが、なにせ大人数ですから、ひとりひとりとむきあうのはむずかしい。家庭という少人数の世界だからこそ、真剣に、子どもとおなじ目線で、膝を突きあわせて学びあうことができるのです。

「親や目上の人に対して口答えをしてはいけない」「好ききらいをしてはいけない」「嘘をついてはいけない」という三つ、いわば教育の土台を、小学生になるまでに教えこむことがのぞましいと思います。そのうえで小学校の先生におあずけします。

学校はおもに学問を学ぶところであり、ひととひとのコミュニケーションを学ぶ場所です。子どもが家庭に帰ってきて、なにか気づいたことがあったら、しっかりとむきあい、ひととして大切なマナーをはぐくみ、子どものこころをつかんで教えていく。これが家庭の教育です。子どもが中学に行ったら中学の先生にあずけ、高校の先生にあずけ、さらには大学にあずけることになりますが、それでも二十歳までの期間は、あずけっぱなしでよいわけではなく、親は真剣に家庭の教育にむきあわなくてはなりません。

これまでの学校の教育は、偏差値ばかり優先してきた傾向があります。要は、点数がとれればいいということでした。その結果どういう社会になったでしょうか。その弊害はだれの目にも明らかです。

文科省がいまとり組んでいる新しい教育方針は、欧州ではすばらしい子どもたちを輩出しているといいます。自立や協調、そして「こころが大事だ」ということを、逆に海外から日本にとり入れようとしているのです。

しかし考えてください。べつに海外からとり入れなくても、かつてこの日本にも、きちんとした教育があったのです。それどころか、きいた話によると、海外ではかつての日本の教育を研究しているといわれます。ものがなくてもこころが豊かであったあの時代に、わたしたちは帰らなくてはなりません。

結論を言うと、教育というものは、少し窮屈でなければならない。しかし窮屈すぎたのでは、子どもも息苦しくなる。要所要所でほめるべきところはほめなければならない。しかし「ほめる」と「叱る」の割合はまことに微妙で、料理のさじかげんのように、うまく調整しなければならない。

甘いコーヒーを一杯飲もうと思ったとき、砂糖をたくさん入れたら甘すぎるけれど、入れなければ苦すぎるように、教育のさじかげんも非常に微妙でむずかしい。けれども同時に、いい塩梅《あんばい》になったとき、とても楽しい世界ではないかと思います。

「なかなかうまくいかない」と思うこともあるでしょうが、そういう壁を乗りこえるからこそ、親子の強いきずなが生まれます。「たいへんだ」とばかり思わないで、お父さんお母さんの明るいこころと情熱でもって、ものごとにいっぱい感動する素直なお子さんを育ててあげてください。そして、自立心と協調性を兼ねそなえたひとたちが社会に増えることにより、孤独感や孤立感の少ない社会になると思います。お父さん、お母さん、おじいちゃん、おばあちゃんのご協力を切に願います。

［二〇一三年三月三一日］

# あたりまえをあたりまえに

修行道場に入ると食事をすきなだけたべられません。若いころはとてもお腹が空くのです。修行僧はみんな食べざかりの若者ですし、作務《さむ》といって、お寺にはいろいろ仕事がありますが、質素倹約の生活のなか、朝早くから山のなかにあるお堂をのぼりおりしながらの作業ですから、もうほんとうにお腹が空いてしまいます。入ったばかりのころだと、目の前にお饅頭があれば、何個でも食べられるほどです。甘いものがきらいなひとでも、からだが疲れているから甘いものがほしくなる。はじめての修行の期間になると一日二食ですから、羊羹《ようかん》一本だって、あっというまに呑みこめる。そんなときもありました。

さて、お寺の給湯室にはお師匠さん用の冷蔵庫がありました。そのなかには冷や菓

子が入っています。きんきんに冷えた羊羹とか葛《くず》菓子といったもので、お師匠さんはお客さまからお菓子をいただくと、

「これな、来客のときに出してくれ」

といってわたしたち修行僧にあずけます。冷蔵庫に入れておくのですが、お師匠さんからおあずかりしているものですから、勝手に食べることはできません。黙って食べようと思っても、お師匠さんは毎日じぶんでお抹茶をたてるとき、かならず冷蔵庫に来てお菓子をもっていかれるので、一個でもなくなるとすぐばれてしまいます。

でも、チャンスはあるのです。それはお客さんが来たときです。

たとえば、三人のお客さまが来られる。お師匠さんのぶんを入れて四つ、お菓子をお出しする。しかし、甘いものが苦手なお客さんもたまにはいます。

お客さまが帰られたあとに、お部屋にうかがって、

「失礼します。お茶碗をさげにまいりました」

「おう、入れ」

といわれて襖をあければ、お菓子がひとつ残っていたりする。こころのなかで「や

ったあ！」と思いながら、茶碗やお菓子の残りをもってお師匠さんの部屋から出ると、そのままいそぎ足で給湯室にもっていって、お菓子をぱくっと食べたりする。入門したばかりの修行僧は、一度くらいかならずこういう思いをするものです。

わたしの同期の修行僧がお師匠さんのお世話をする係になったときも、ちょうど甘いものが苦手なお客さんが来られたので、いつもの調子でぱくっと食べてしまった。それからなに食わぬ顔で事務所に座っていたところへ、お師匠さんから内線電話がかかってきた。

「もしもし」

受話器をとると、お師匠さんが、

「あのな、さっき出したお菓子、ひとつ余ったやろ。あれ、もってきてくれ」

そんなことを言われたって、もう食べてしまった。

しかし、わたしの同期もなかなか頭のまわる人間で、とっさにこう嘘をついてしまった。

「ちょうど事務所に参拝のかたがまいりましたので、そのお客さんにお出ししました」

この話をあとでかれにきいたとき、よくそんな台詞が出てくるなあ、と感心したのですが、同時に、少し残念なきもちもいたしました。正直に生きていないと、その場しのぎはできても、あとでかならずツケがまわってくるのではないか、という予感です。実は、その後のかれの人生を見ていて、「やっぱり、どんなときでも絶対に嘘をついちゃいけないんだ」と思うことがありました。

修行僧も人間です。割ってはいけない茶碗を割ってしまうこともあります。とりわけ入門したてのころは慣れていないので、だれでも不注意から、大切な茶碗を割ったり欠けさせたりしてしまいがちです。

そのときは正直におつたえして、猛反省しなければなりません。

「お師匠さん、すいません。割ってしまいました」

そうするとお師匠さんは、

「そうか」

と言うだけです。正直に、こころからの反省があると、絶対に叱られることはありません。

ところが、じぶんの責任を少しでもごまかして、

「お師匠さん、これ、割れてしまいました」

などと言おうものなら、特大の雷を落とされることになるのです。

「割ってしまいました」と「割れてしまいました」では大ちがいです。

それでも人間はじぶんの責任を素直にみとめられないもので、割ったのにそのまま知らん顔をしたり、べつのだれかが割ったと言いはるなど、了見の悪いひとがいるばあいもありますが、やっぱり嘘はいけません。その場はごまかせても、お天道《てんとう》さまはすべて見ていて、あとあとかならずじぶんにかえってきます。

特別なきびしい修行期間以外はこうした日常のくりかえしなのですが、いまとなっては若かりしころ、よくむきあって育ててくれたものだと師匠に対してあらためて感謝の念をいだきます。

わたしもお坊さんになって二十五年、お寺も建立させていただき、弟子もあずかり、

ようやく最近、お師匠さんのきもちがじわじわわかるようになったと思います。それに先日、芸の世界で達人とか名人といわれるかたとお話をさせていただいて、つくづく師匠のきもちを感じました。

「お弟子さん、何人いらっしゃるんですか？」

と、わたしが訊いたときのことです。

「いまふたりです。しかし、弟子をとるのはたいへんです」

まずたいへんなのが、じぶんの子どもと弟子を区別してはいけないのです。子どもとおなじようにかわいがらなければならない。それにくわえて、非常に体力を使うということです。

なるほど、わたしにも弟子がひとりいますけれど、じぶんの家族となにひとつ変わらない親のきもちで生活しております。生まれも育ちもちがう弟子と日常生活のあれこれを一緒にやっていくのは、おたがい遠慮もあるし、感情もあるし、その日の体調もありますし、たいへんといえばたいへんかもしれません。

ちなみに、いまのわたしはなんのストレスも感じませんので、たいへんなことはありません。若いころは師匠からストレスを受けまくっておりましたので、だんだんこの歳になると、ストレスは受けるものではなく与えるものだなと思えるようになったからです（笑）。

わたしもお師匠さんの弟子になって、長いあいだお師匠さんとともに生活をしてまいりましたので、お師匠さんもいろいろと気苦労が絶えなかっただろうな、体力を使っただろうな、と思います。とくにわたしのばあい、いのちがけで山を歩く修行などいたしましたから、たいへんな心配をかけたにちがいない、と、あらためて師匠に感謝のきもちが湧いてきます。

では、師匠のもとでそんな生活をつづけて、わたしたちはいったいなにを学ぶのか。もちろんむずかしい仏教思想の勉強もありますし、きびしい命懸けの修行もありますけれど、わたしのお師匠さんがいちばん大切にしていたのは「日常」でした。「日常を学んでもらうんだ」と、お師匠さんは言いきっておられました。はじめはさっぱり意味がわかりませんでしたが、そのうちどういうことかだんだんわかってきた、といいますか、一緒に生活させていただいているうちに感じとれるようになったのです。

たとえば、日常の挨拶など、なにげないことばがあります。

「おはようございます」

「こんにちは」

「はい」

「すみません」

同僚や後輩に対してもそうですが、まず目上のひとに対しては、誠心誠意、敬意をもって生活をしなければなりません。しかし意外にも、この日常のありかたが、できるようでなかなかできないのです。たとえ相手に不快な思いにさせられることがあっても、にこにこしていられるでしょうか。いらいらせず、そのひとが納得するように、常に大きなきもちでさとすことができるでしょうか。いつもおだやかに、落ちついて、ていねいに挨拶をし、返事をし、敬意をもって対応することができるか、というと、これはたいへんなことです。

たいへんである理由のひとつは、あまりにもあたりまえすぎて、あたりまえのことは、みんなよく研究しないからです。たとえば、お師匠さんから頼みごとをされたとします。

「きみ、これをやっといてくれるか?」

「はい!」

この「はい!」という返事でおたがいの意思疎通ができるわけですけれども、その日ちょっと体調が悪かったり、気分の浮かないことがあったりして、お師匠さんの依頼に、あまりいい返事ができなかったとします。たとえば、

「はい……」

書き文字でこのニュアンスのちがいを表現するのは不可能ですから、想像でおぎなってもらうしかないのですが、ここにはさまざまな問題が含まれています。まずお師匠さんに対しての敬意がないこと。つぎに、じぶんの感情をおもてに出して、相手に不快な思いをさせていること。

しかし、この「はい」を徹底して研究するひとがどれだけいらっしゃるでしょうか。それは、とてもあたりまえすぎるのです。同様に「すいません」を研究するひとがいない。ひとからなにかしてもらったときの「ありがとう」を研究するひともいない。

さきほどの話に戻ると、

「きみ、これをやっといてくれるか？」

「はい……」

「ちょっと待て。いまの『はい……』は、非常に不心得じゃないか。そんな言いかたをしちゃいかん！」

お師匠さんにそう言われて、その場では「はい」と返事しても、心底納得するひとはなかなかいません。目上のひとに敬意を払わなければならないことはわかっている。ただ、こういうひとは自己を省みることができません。あまりにもあたりまえなので、じぶんができていないことに気づかない。ある意味、そこに慣れが出てしまっているのです。

有頂天になっているひとや、緊張感をもてないひとをさとすのはむずかしい。でも、あたりまえのことがあたりまえにできて、はじめてあたりまえの人間です。

「ありがとうございます」

「すいません」

「はい」
三百六十五日、四六時中、寝ているとき以外は、こころからのきもちをこめて、きちんとした態度とともに、これらのことばを発することがどれだけ徹底してできるでしょうか？

けっしてお坊さんだけの話ではありません。みなさんの日常生活もおなじです。家族に対して、職場の同僚に対して、あたりまえのことがあたりまえにできているかどうか、一度、客観的に、じぶんを見つめなおしてみてはいかがでしょうか。こういうところを反省し、向上心をもって改善していくひとは、しだいによいふんいきのもちぬしになって、家庭や職場を魅力的にかがやかせてくれるにちがいありません。

とてもあたりまえの話でしたが、あたりまえのことがあたりまえにできるよう、あたりまえのすすめをお話しいたしました。

［二〇一三年七月七日］

## 淡々と、ただ淡々と

回峰行をしていたときのこと、年々つかれがたまり、だんだんと体力がおちていきます。ふだんなら梅雨明けごろに出る血尿が、その年は序盤から出たくらい、ずっとからだの調子がよくなくて、こういうときにかぎって山を歩いていると、頭のなかにふだんは気づかないことや、小さな悟りが湧きあがってくるものですが、夏場に入って、思いのほかじぶんの精神が集中していて、いろんなことが浮かんでくるので、ついちからを入れすぎて行にはげんでいたある日、たしか午後一時前後だったでしょうか、山頂に到着し、そこからまたふもとのほうへおりてくると、日光の照りかえしがあるので、手もとの温度計は四十度から四十二〜三度にもなっている、まるで砂漠にいるような、そういう過酷な状況で歩きつづけていましたら、とても奇妙な感覚に襲われたのでした。

うまく説明できないのですが、じぶんの感覚と肉体がずれていると申しましょうか、肉体はここにあるのに、それより二十センチか三十センチうえにもうひとりのじぶんがあって、ぱっと手をあげると、そのあとを追って肉体の手もぱっとあがり、さっと手を引くと、肉体の手もさっとさがる。感覚があとからついてくる。まるでじぶんのからだと魂が離れかけているのではないかと思われて、とても怖ろしい体験でした。

「このままいったら、魂と肉体が離ればなれになってしまう」

そんな考えが浮かび、やがてそれが確信にかわる。そう冷静に頭のなかで思考していると、

「じぶん、じぶん」

と声をだして強くつぶやきました。それは「じぶんに戻れ」という意味です。

「じぶん、じぶん」とさけび、きもちをしっかりともちました。

そうしてじぶんに戻れと強く念じていますと、二～三十分もしたとき、またじぶんのからだと意識が一体となりました。

こんな経験をしてふと思ったのは、修行の行きつくところは、結局、死ではないかということでした。しかし「死んだら意味がない」と、すぐ思いかえしました。生きてなにかひとつを悟るのが行を成就するということだ。修行の世界は、死が間近にあったとしても、どんどん悟りを得ていくじぶんの心地よさで、まったく恐怖がなくなります。この両者のあいだの綱渡りで、生と死のあわいの細い道を、バランスを崩さぬように進んでいかなくてはならないのです。

もっとも、おなじ修行をしても、だれもがおなじ体験をするというわけではありません。おなじ山の道を歩いても、べつのひとが行ずると、またべつの体験をするでしょう。たとえば、ひとりの先生が授業している四十人学級の生徒さんを考えてみればわかるように、ちゃんと予習復習をする生徒さんはテストの点数も高いでしょうが、勉強なんて二のつぎで、遊びたいばかりの生徒さんは、いい点がとれません。おなじ環境にいても受け手のこころがまえによって変わってきます。だから、おなじ千日回峰行を行じ、おなじ期間、おなじ道を歩いたとしても、まったくべつの体験にもなるのです。

山に入るとき、こころのアンテナをはりめぐらして、「いったいじぶんのこころはなにを求めているのか」「大自然を通じてどんなことをうなずきとるのか」「じぶんはなにを悟るのか」と、感覚を研ぎ澄ましているひともいるでしょう。もし反対に、「とりあえず行って帰ってくればいい」「つらい」「しんどい」「なんでこんなことをやっているんだろう」と、表面はとりつくろっていても、こころのなかは愚痴でいっぱいのひとがいたとしたら、いい修行とはいえません。それぞれが、どういうこころがまえで日々を積みかさねるかによって、行が終わったあと、その行者からにじみでてくるふんいきには、大きな差が出るでしょう。

日常生活にも同じことがいえるのです。

多くのひとはそれなりに「なにごとにも感謝のきもちをもとう」とか「いつも自己を省りみて生活しよう」といった目標をもっていると思いますし、それはひととして大切なことですが、一年の三百六十五日、一日の二十四時間をとおして、それができているかといえば、たぶんできていないと思います。ましてや人生はつらくて苦しいものですから、感謝や反省の姿勢をつらぬきつづけるのはたいへんにむずかしい。

でも、つらくて苦しいときほど、じぶんが成長するチャンスなのです。つらくても苦しくても、感謝と反省、そして、どんな存在に対しても敬意を忘れない一日一日を積みかさねていけば、それがやがて年輪となって、そのひとの魅力が理屈抜きに感じてもらえる人間へと成長していくのです。

人間はどうしてもじぶんと他人をくらべてしまいます。じぶんより劣っているひとをさげすみ、批判し、じぶんよりすぐれたひとをねたんでしまう傾向があるといわれています。

しかし他人がどうあろうととらわれることなく、淡々と目標を決めて、じぶんのなすべきことを淡々とこなしていく。すべてはそれにつきます。精いっぱいがんばって努力していれば、いつかかならず光が見えてくるときがあります。努力の結果、目に見えないふしぎなちからにみちびかれるようなときがあります。そのときがいちばん大事です。

そういうとき、上昇気流にのって一気に飛び立とうとあせってはいけません。

「地に足をつけて、地道に淡々と歩いていこう」

いままでじぶんがつみかさねてきたことを、またおなじように淡々とやっていく。そこに意義があります。それがひとの正しい道である。わたしはそう思って歩んできました。

生きることはやはり辛抱です。つらいときでもまわりのひとに悟られず、ひそかに歯を食いしばりながら、いつもとおなじように淡々と生きていくところに、人間的魅力がそなわるものです。日々、淡々と、楽しくなくても楽しそうに明るく元気に生きていきましょう。

［二〇二三年八月一八日］

## 敬意とまねび

先日わたしが筆で書きものをしていたとき、たまたまとおりかかった母が、「だんだんお師匠さんの字に似てきたねえ」とつぶやきました。

わたしのお師匠さんは、日本でも三本の指に入るとお坊さんがたがおっしゃっていたくらい字が上手なかたでした。とうてい追いつけないのはわかっているのですが、せめて少しでも近づきたくて、なかなか時間はとれませんが、たまに師匠のまねごとをしているのです。

そういえば、わたしのお師匠さんはあらゆる勉強をされてきたかたでした。

お師匠さんの奥さまにきいたことですけれど、お師匠さんのお父さんの時代は、廃仏毀釈で仏教が否定され、たくさんの寺院がとりこわされました。私の修行した金峯山寺も落魄《らくはく》し、お客さんがおいでになってもお酒も出すことができず、とても書道どころではなかったそうです。しかしお師匠さんの時代になると、状況が落ちつきはじめ、お師匠さんは先代とは反対に、書道や陶芸、茶道など、ありとあらゆることをなさったといいます。

わたしはお師匠さんにとてもかわいがってもらったので、いろんなものに触れることができました。師を慕い師匠の字のまねをし、歩きかた、しゃべりかたすべてをお手本とし、お師匠さんのやっているように、じぶんでも自然にやってしまうのです。

まわりを見まわすと、弟子とはいえ、こころからお師匠さんのまねをしているひとは、そんなにはいませんでした。もちろんみんなそれなりにまねをするのですが、その度あいはそれぞれです。

それから十年、二十年、二十五年と年を経るにつれ、先輩や同輩がどうなったかを見ていますと、お師匠さんに心酔し敬意を払っていたひとのほうが、有意義な人生を送っているように思われます。

人生にはやはり、世の中の流れをかえりみず、なにかに没頭し、精いっぱいがんばらねばならない時期があるのでしょう。極端な話ですが、人生のある時期に血のおしっこが出るくらいなにかにとりくむことがなければ、一人前にはなれないと思います。必死で試行錯誤しているうちに、ある日突然、ぱっと道がひらける、そういう傾向はたしかにあるように思います。

さらにいえば、お師匠さんごじしんがおっしゃっていたように、仏道というものは、お師匠さんと一緒に生活し、そのうしろすがたを見て学ぶしかないのですから、まねをしておぼえることはとても大事です。

では逆に、リーダーたる男子――お寺ではお師匠さん、一家であれば大黒柱のお父さん、会社であるなら経営者――は、どうあるべきでしょうか。

わたしがお師匠さんや人生の先輩がたの背中を通じて学んだこころがまえのひとつは、家庭や職場で、みんなが働きやすい環境を、かげからいかにさりげなく上手に演出できるかということでした。

ふたつめは、試練がおとずれて、困難に直面したとき、リーダーは「みんなはさがっていてくれ」といってじぶんが矢面に立ち、全責任を負って、即断即決で早めに問題を解決する。そして解決したのちは、「もう大丈夫だ。ここからは、みんなでやっていきなさい」と言って、部下や家族に重要な仕事をまかせ、じぶんはふたたび口数少なめに淡々と生きるすがたをしめしていく。

こういうリーダーこそ男のなかの男であり、そういうすがたを見せることが大切です。ことばの教えが必要ないとはいいませんが、なによりもまず行動のうちに内面からにじみでるもの、あたりに漂わせるふんいきによってみちびくことなのです。

でも、ひとつ注意してもらいたいことがあります。

わたしの育ての親もきびしかったし、お師匠さんもきびしかったものです。では、なぜわたしは、きびしい指導や与えられた試練に耐えて、ついていくことができたのでしょうか。

子育てをなさっているかたはつくづく感じていると思いますが、子どもを育てるのはほんとうにたいへんです。部下の指導、後輩の指導だってそう簡単にはいきません。きびしいことを言えばやる気をなくすかもしれないし、反撥したり、ふさぎこんでしまうようになるかもしれません。実際、あまりにきびしい指導のために、家出したり非行に走るケースもよくあると思います。

わたしがお師匠さんについていけた理由、それは、たとえどんなにきびしい指導であっても、その裏にあるお師匠さんのこころに愛情が一二〇パーセントあったからだと思います。

「このひとは、ほんとうにわたしのことを思ってくれているんだ」

と、はっきりわかるなにかがあった。だからお師匠さんのファンになれたのです。

近ごろ、社員教育とかいって、人間学とか自己啓発の本を読んだ社長さんが、

「おい、この本にこう書いてある！　だから、きみたちもこうしなければならない」

なんて、ちょっとかじった知識で部下に訓示したりする。社長も実践できていないくせに、口で言うだけで、社員がついてくるわけがありません。

まずは社長が実践し体得しなければいけません。しかも部下に対する信頼と愛情をこころの底からもっていなくてはなりません。

一家の大黒柱のお父さん、影の実力者のお母さん、あるいは、会社の社長でも部長でも、とにかくリーダーたるひとが、こころの深いところに真の思いやりと愛情をも

つことがいちばんです。そうすれば、弟子や部下や子どもさんも、お師匠さんや上司や親の愛情を実感し、感謝のきもちをいだくでしょう。そして、師匠や親を信頼し、ついていきたくなるでしょう。

感謝のきもちをいだいて尊敬される。これはほんとうに大切なことなのです。なぜならどんなひとにも敬意を払って生きることを知ったひとは、そのこころをべつのひとにむけることもできるからです。出会ったすべての存在に敬意をもって生きていくことができるかもしれません。神さま、仏さまへの感謝をもち、どんなひとにもわけへだてない生きかたをしていれば、そのひとのまわりには、どんどんひとが集まってくることでしょう。これが人脈といいます。

じぶんをこころから慕ってくれるひとたちこそ、人生の宝です。リーダーたるひとの価値は、この人脈の勢いが最後のひと息までおとろえないことです。そのためには、かげながらの徳を積みつづけることです。花にたとえると根っ子のはたらきが大切です。どうぞ最後のひといきまで美しく咲きほこる花のようにいてください。

[二〇一三年九月二二日]

# 角をとる

わたしの友人のひとりに、営業の仕事でいろんな会社の社長さんと会う機会の多いひとがいまして、かれがこんなことを言っていました。

「営業のいちばんいいところは、いろんな社長さんの体験してこられた話をきけることです。いろんなひとと出会ってご縁をいただくことに感謝しています」

「そのなかでもいちばんよかったのはどんなときですか?」

「一代で会社を築きあげた社長さんはみんな、それなりに大きな荒波を乗りこえて今日があるわけですが、話をしていて、『そのとおりだ!』と感銘を受ける話をきいたときです」

「たとえば、どんな話?」

「それは、『とにかく角《かど》をとることだ。人間、カクカク角があるのはいけないんだ』という話です」

そして、かれはこうつづけました。

「人間、角があるうちは転がっていかない。角がとれて丸くなったときにはじめて、よくも悪くも転がっていく。あとは、それなりに生きていけばいいんだ」

私も「ああ、そのとおりだ」と思います。

人間は若いころ、ひとつの夢や目標にむかって、猪突猛進していく時期があると思います。たとえば会社をたちあげて軌道にのるまでは、そうとうの馬力がいりますし、あらあらしく多くのひとに迷惑をかけるかもしれない時期があります。わたしの若いころは「つねに夢をふたつもつ」という目標をいだいて、情熱はいつもあふれんばかり、暗闇のなかでも、どしゃぶりの雨のなかでも、ひたすら前へ突き進み、右も左も見えなくてもただ突っ走ったものでした。まわりの迷惑も考えず、ただ目標を追いかけ、ひとつの夢が実現した瞬間には、「つぎはなにをしようか」と、間断なく新たな夢にむかっている、そんなふうに猛進して生きていた時期があったように思います。

しかし、ひとつの嵐を乗りこえ、若いころの目標をひとつひとつかなえてきて、だんだんとこころに変化があることに気づいたときがあります。わたしがこの世にいられるのが、はたしてあとどれくらいかはわかりませんけれども、やがてはあの世に帰り、また生まれ変わってくるのでしょう。そうであれば、この世にいるあいだ、ご縁のあるひとにご迷惑をかけず、つつましく生きて功徳を積んでいきたいという、少し丸みをおびたこころになっております。

とはいえ、わたしの手がとどくかとどかないかわからない、はるか高みをめざす夢や情熱は、いまでもこころの底に存在しています。夢をもちつづけることはとても大事です。高い目標をもつのも大事です。しかし、夢にとらわれすぎてまわりのことを考えず、夢を実現するためには他人の迷惑もかえりみないというカクカク尖った生きかたでは、いい縁や運にめぐまれることはないでしょう。夢にむかって道をひらくには、角がとれて、丸くなることです。志が純粋で謙虚であれば、自然とよき方向に運ばれていきます。

朝起きて、今日とむきあい、さまざまなご縁のなかでいただいたお仕事は、どんな仕事であっても精いっぱい、百二十パーセントの力でさせていただく。この一日という宝を大切にして、一日一日を大切にすることで、階段を一段ずつ昇るように、自然と高い目標に近づいていくのであろうと思うのです。

［二〇二二年五月二三日］

# 敬意の意味

きのうわたしの友人がお寺に来て、二年ぶりにふたりでいろいろな話をしていたら、かれの知りあいの話になりました。そのひとはある分野で世界的に活躍されているのですが、とつぜんわたしの友人はこう言いだしました。

「かれは最近いろんなひとに対して敬意がない」

どういうことなのかきいていると、そのひとはなにかの話をしているとき、

「じぶんの師匠をも越えていかなければならないときがあるんだ！」

と言ったらしいのです。それもただ言ったのではなく、とても強く敬意のない口調で言い放ったそうで、わたしの友人はひどく憤慨《ふんがい》してしまったそうです。

「あの口調には、師匠に対するきもちが微塵《みじん》も感じられなかった」

わたしは敬意というものは非常に大切だと思っています。たとえば、一生懸命がんばれば、技術や知識については師匠を追いこしてしまうこともあるかもしれません。しかし、どうしても追いこせないものもあります。それは人生の経験です。お師匠さんとなるかたは、それなりの努力をして弟子をむかえ入れます。その努力のかげには涙があり、豊富な経験があり、経験のかげには人徳があり、かならずそのひとのファン、そのひとを慕う大勢の人間がいると思います。

わたしのお師匠さんは、わたしが入門したとき六十一歳でした。わたしは十九歳です。お師匠さんは徳のある立派なお坊さんで、まわりにはお師匠さんを慕うひとがたくさん集まっていました。もし当時、たとえばの話ですが、わたしがひたすら本を読み、知識だけを丸暗記しつづければ、お師匠さんよりものしりになることはできたかもしれません。しかし年の差は四十以上あります。四十年ぶんの経験がちがうのです。わたしがいくらがんばっても、四十年の差でつちかわれた人徳を乗りこえることができるかといえば、できるはずがありません。

もちろんわたしたちは人間ですので寿命があります。ふたりの寿命がつきたときに、どこまで成長したかということは、あとでだれかが比較できるかもしれません。しかし、「お師匠さんを越えたい」というきもちは大事でも、お師匠さんという存在を敬うきもちを絶対に忘れてはいけないし、師匠が死んでも師に仕えるきもちをもちつづけなければなりません。わたしは、師匠が他界してから七年になりますが、ときおりいまでも、こころのなかで師に語りかけ、お茶をいれて一緒にのむときもあります。師匠をとびこしてないがしろにするようなきもちは、たとえ一万分の一秒でももってはいけないし、はなはだ失礼なことであると思うのです。

お師匠さんだけではありません。わたしの人生をここまでふりかえってみるならば、どんなひとにも敬意を払いつづけてきたことが、いま大きな財産になっていると感じます。他者への敬意は小さいころからじぶんの親が教えてくれたことですが、そこには、どんなひとにもそのひとなりの経験の蓄積があり、それは尊重すべきだという信念の裏づけがありました。

わたしはお寺の生まれでもなく、仏教界についてなにも知らないところからお坊さんになりました。お師匠さんをはじめ、先輩、後輩、いろんなかたとご縁がありました。当然、じぶんにとって心地よい出会いばかりではありません。人間関係ですからつらいことも苦しいことも起こります。感情のすれちがいから、悲しい思い、残念な思いをすることもありました。

しかし、どんなときでもけっしてひとをうらまない、憎んではいけない、ときもちをしっかりさだめていました。「相手がじぶんをいじめるから、じぶんもこういう態度で……」という姿勢だったら、せっかくじぶんが正しい道を歩んでいこうと思っていても、まちがった方向へ進むことにしかなりません。

「どんなに意地悪をするひとでもけっして蔑《さげす》まない。こころから相手に対して敬意を払う。じぶんより目上のひとに対しては敬意を払う」

こういうこころがまえが、現在のじぶんにつながっているのだろうと思います。

年上のひとの無理難題によって、こころが鍛えられた部分もあるでしょう。けっして悪意のあるひととのご縁ばかりではありませんでした。わたしをこころから思って、一生懸命悪いところを削ぎ落とそうとしてくれたひともいます。反対に、仏の道を究めようとしているひとのなかにも、心根《こころね》がまがっていて、理不尽《りふじん》なことを言うひともいます。「なぜこのひとは、わたしが悲しむようなことばかりするんだろう?」。そう思わされることもあったように思います。

しかし、わたしはそのひとから逃げはせず、やりかえしたり反抗的な態度をとることもなく、敬意を払い、正面からむきあいつづけました。

いまわたしがそのひとにお会いすると、そのひとはしゅんと黙ってうつむいてしまいます。わたしのほうがだいぶ年下ですし、わたしはべつに威張《いば》るのでも横柄にふるまうのでもなく、にこやかに笑いながら、「こんにちは」と言ってその場にいるだけなのですが、そのひとは、無言で、居心地が悪そうにちぢこまってしまうのです。

どうしてだかよくわかりませんが、おそらくわたしが、この人生の修行において、たまたまひとより多く悲しいこと苦しいことを経験したぶん、それだけ大人になった、あるいは、そのひとをしのぐ大きな人間的器《うつわ》をさずかったのでしょう。

みなさんもだれかに意地悪されたとき、「どうしてあのひとは、こんなことをするんだろう?」と思い悩んだり翻弄《ほんろう》されるのではなくて、そのひとの前に行って、敬意

ようようなことはありません。相手が変わると思っても、相手を変えようとする理由をさぐって相手に意地悪する理由を

をもって胸を張ってにこやかにしただけで、そのひとが黙ってうつむいてしまうような器量を養おうと考えたほうがよいかと思います。そのひとがじぶんに意地悪する理由をさぐって相手を変えようと思っても、相手が変わることはありません。かえって喧嘩《けんか》になってしまいます。

しかし器量は技術や知識ではありません。目に見えない人徳を磨いていくことでだんだんとそなわってくるものです。とりわけ内面からにじみでてくるやさしさとか、凛とした気品といったものは、日々の積みかさねが大事です。

みなさんにもこころのなかに大きな夢や目標があると思います。しかし、それらはどんなに情熱をそそいでも、なかなか実現しない大目標でしょう。いまなすべきことは、朝起きて、一日のなかでじぶんがやらなければならないことを、精いっぱいさせていただくことです。とても地味な生きかたかもしれませんが、一生懸命やった日と手を抜いた日では、ぜんぜんちがうはずです。一生懸命やれば、やったなりに結果が出る。努力に対する自信がつく。その日常の小さな積みかさねが大きな目標へとつながっていくのです。

「日本一になる」とか「世界でいちばんになりたい」とか、あるいは、世界の平和を願うなど、みなさんも人生の大きな目標をもっているかもしれません。そんなとき、「じぶんの大きな目標から見れば、今日一日に起こるこんなちっぽけなことなどとるに足りないことだ」といって、今日という日に敬意を払わなければ、一日ぶんのハードルを乗りこえることができません。それでは結局、いつまでたっても大きな夢には近づけません。今日一日に勝る宝はないのです。

「このひとはじぶんより劣っている」という理由で、あるひとに敬意を払わないのもいけません。ひとによって敬意を払ったり払わなかったり、そんなわけへだてをする態度は、神さまも仏さまも、大自然も、お天道《てんとう》さまも、ぜんぶ見ておられます。どんなひとに対しても敬意を払い、ご迷惑をかけずに生きていく。どうしても「いやだな」と思えてしかたのないときは、そのひとを少し視界からはずすようにして、いわば「ちょっと横に置いておく」という感じで、こころが一ミリでもプラスの方向にかたむいているようにしてください。毎日が人生の修行であり、一瞬一瞬が貴いものです。一瞬一瞬を大切にすることで、みなさんの器量はだんだんと磨かれていくのです。

どんな存在や環境にも敬意を払う、これが基本です。

[二〇二二年七月二五日]

## 小さな積みかさねから

千日回峰行《せんにちかいほうぎょう》を満行して二十年以上たちますが、わたしは一度も千日回峰で使った装束《しょうぞく》や道具をしまいこんだことはありません。装束をひとそろえと、山にもっていく道具、ぜんぶで三十八種類は、いつでも山に行ける状態で、部屋の念持仏《ねんじぶつ》のとなりにかけてあります。おにぎりと水を入れれば準備完了。

「いまから三十分後に出発」

と突然言われても、すぐ衣装を着て、編み笠をかぶって、行をしていたときそのままの恰好で、どこの山にでも出発できます。千日回峰行者時代の情熱と覚悟は、むかしもいまもまったく変わるものではないと言いきれます。

行でいちばん大切なのは、行に対するこころがまえです。謙虚、素直、向上心、そして自己をつねにかえりみること。

とりわけ最後の「自己をかえりみる」、あるいは「反省」が大事です。ひとに目をむけるのではなく、じぶんじしんのこころにむけて、「悪いところはどこなのか?」「じぶんをどう高めていくか?」をチェックする。

しかし、もうひとつ、「けっしてじぶんは特別なことをやっているのではない」という自覚も大切です。これは人生のご縁のなかで出会った行である。歩いているじぶんがいる。ただ一日一日をコツコツと精いっぱい歩く。「いやだな」と思ったり、「やらねばならない」と気負ったりせず、淡々と歩み抜く。この謙虚な姿勢がなければ長い期間の行は成就《じょうじゅ》しません。

その思いはいまも変わらず、十九歳のわたしがお坊さんになったときのまま、こころのまんなかに残っています。護摩《ごま》を焚《た》くわずか一時間のあいだでも、じぶんが一千日のあいだ、一日四十八キロの道のりを歩みつづけたときと変わらぬ姿勢、変わらぬ思いを凝縮して、燃えあがる炎にいのちがけでむきあいます。

そういえば、わたしのお師匠さんもふくめて、尊敬できるお坊さんのなかには、

「ひとと変わったことをするな」とおっしゃるかたがたくさんいる。

　わたしが修行した金峯山寺《きんぷせんじ》は、むかしはけっして全国的に有名なお寺ではありませんでした。修験道《しゅげんどう》がちょっとしたブームになり、世界遺産に登録され、秘仏であったご本尊が開帳されたりしたので、ようやく最近になって、お寺の名前も全国に知られるようになりました。

　当時わたしは歯痒《はがゆ》く思っていました。

「こんなにすばらしいお寺が一千三百年前からあるのにどうしてだろう。もっと金峯山寺も、蔵王権現《ざおうごんげん》さまも、世の中にひろまっていったらいいのに」

　若さゆえに、いろんな思いがありました。お師匠さんはわたしのこころのうちをかげながら見ておられて、

「お寺が繁栄するとかしないとか、きみの行にはいっさい関係ないからのう」

と、すぱっとわたしのこころを正してくれたこともありました。

　またわたしたちは世界の平和を願います。お坊さんも「上求菩提《じょうぐぼだい》、下化衆生《げけしゅじょう》」といって、悟りにむかっていくきもちとともに、「世の中が幸せになりますように」と

いう思いもこころにおいて修行します。しかし、「何々のために」とか、かたよった思いが強すぎると、自己の修養《しゅうよう》とのバランスがとれなくなり、修行の本筋からはずれていってしまいます。そういう微妙なこころの世界をうまく調整して、道を正しく示してくれるのも、お師匠さんの重要な役目です。

わたしのお師匠さんも、ほんとうにひとと変わったことをしないかたでした。飄々《ひょうひょう》と生き、いただくお仕事を日々淡々と積みかさねておられました。

そんなお師匠さんのもとで修行させていただいたので、どんな環境のなかでも、いただいたお仕事を淡々とさせていただく姿勢が身についたと思っています。いい育ての親と出会い、いい人生の師匠と出会うことができたと、つくづくこのご縁に感謝しています。

「なぜ人生はこんなに苦しいのだろうか？　迷いの世界でわたしたちはどのように生きていけばよいのか？」

仏教の開祖《かいそ》・お釈迦さまは悩まれ、修行をし、そして悟りをひらかれた。

「世の中のすべてのものは移りゆく」（諸行無常《しょぎょうむじょう》）

「いつも心身ともに苦をせおっていて、その苦にふりまわされてはいけない」

「いつも穏やかなこころでなければならない」

「いつくしみのこころをもつように」

このような教えを説いて仏教が花ひらいたのです。

ですから仏の教えのもとで修行し抜いたかたは、きちんとわかっていらっしゃる。

「ひとと変わったことをするな」

「じぶんのなすべきことをただ淡々となせ」

そういう一本の筋がぴしっととおっております。

「世のため、ひとのため」を思わないひとはいません。象徴的なことに、「仕事」ということばは「仕える事」と書きます。「だれかに仕えて喜んでいただくことで、じぶんも喜びを得る」。これが仕事です。

しかし「じぶんが世の中をよくするんだ」という意気ごみは、修行の原動力として、こころの奥深くにあるのはいいかもしれませんが、それをあまりおもてに出すのはよろしくない。それが仏さまの教えであり、むかしからのお坊さんの教えなのです。

東日本大震災では宮城県もたいへんな被害に見舞われました。多くのかたがボランティアで来られて、被災者の支援にちからを貸してくださった。いろいろ支援してくださることは、もちろんとてもありがたい。

しかしマスコミをとおして見ると、そういうかたがたもふたつにわかれるように思います。黙々《もくもく》と作業に専念されているひとと、そうではない――たとえば、トラックで物資を被災地に運んでいるとき、その映像をトラックの助手席のビデオで撮影して記録しているようなひと。

「これ、もしかして、将来、だれかに見せるためにやっとるのかなあ。じぶんでカメラをしこまないと、この映像は撮《と》れないよなあ」

「世のため、人のため」というきもちはだれにでもあると思いますが、そういう思いは胸のうちに大切にしまっておいて、「ひとからよく思われたい」なんて考えずに、じぶんができること、なすべきことをきっちりとはたす。それがいちばん肝要ではないかと思うのです。

お釈迦さまがお生まれになったとき、七歩歩かれて、天地を指さして、「天上天下《てんじょうてんげ》唯我独尊《ゆいがどくそん》」と言われたという有名な話があります。

もちろん生まれてすぐの赤ちゃんが、すっくと立ちあがって、そんなむずかしいことばをよどみなく言えたはずはありません。したがって、これはなにか大事なことを表現するためのたとえ話なのです。

わたしは出家して頭を剃るときに、つぎのように教わりました。

「『天上天下唯我独尊』と、お釈迦さまはおっしゃったが、それは『自分自身だけが偉く尊いのだ』と言っているのではない。世の中のすべてが尊い存在であり、じぶんを大切に思うように、ひとをも尊重することによって、じぶんじしんも生かされてくるということなのだ」

これをべつの角度から考えてみましょう。

「たとえじぶんひとりが思いのままに生きたとしても、この世の中にとってはちっぽけなことだ。おれがなにをやろうが、あまり迷惑になることはないだろう」

そう考えているひとがいたら、それはものごとの本筋からはずれた考えかたです。

どんなひとでもけっしてひとりでは生きてはいけません。いろんなご縁によって多くのひととつながっています。わたしにもこころがあり、みなさんにもこころがあります。たとえそれがたまたま出会った初対面のひとで、しかもこのさき二度と相見《あいまみ》えることがないとしても、そのひとに不快を感じさせたり、いやな思いをさせたりすれば、そのひとはこころに不満やいきどおりを感じ、その不満やいきどおりが原因となって、そのひとが出会ったべつのひとに不快な思いをさせてしまうかもしれません。そうしたら、そのべつのひともまたべつのひとに……と、不快が連鎖《れんさ》していくかもしれないのです。

この悪い流れを断ちきるには、たとえ一度しか出会わないとわかっているひとであっても、ともに喜びをわかちあうといううきもちで接することです。

とても小さなことに感じるかもしれません。しかし、みんながおなじこころがまえをもって接すれば、こんどはその喜びの波紋《はもん》が遠くまでつたわっていきます。世の中がよく変わっていく、とても大きな作用になるかもしれません。

ですから、朝起きてから夜寝るまで、会話の一語一語にまで気をくばって、出会った相手との調和をこころがけましょう。あたりまえといえば、あたりまえのことです。

そんな小さなあたりまえを、できる範囲で精いっぱいおこなうことが、世の中全体の幸せにつながってきます。

わたしたち日本人のご先祖さまは、仏さまの教えを大切に守ってきました。だからこそ、オギャーと生まれ、ものごころついたときから、お父さんやお母さん、お祖父ちゃんやお祖母ちゃんは、子どもや孫に教えてきたのです。

「ひとに迷惑をかけちゃいけないよ」
「ひとがいやがることをしてはいけないよ」
「謙虚でなければならないよ」
「素直でなければならないよ」
「ひとから受けた恩は忘れてはいけないよ」

仏さまの教えはなんとわたしたちの日常生活に密着していることでしょう。あまりにもあたりまえすぎて、気づきもしないひとだっているかもしれません。ほんとうに遠いむかしから、先祖代々受け継がれてきた「ひとの生きるべき道」なのです。

ときどきこんなことを考えます。お釈迦さまがお亡くなりになってから二千五百年をすぎて、いまでもその教えがつたえられ、たくさんのお寺が存在しています。それでは、お釈迦さまは、現在の仏教教団や宗教組織がどんどんひろがって、世界中のひとがごじしんの教えを崇拝《すうはい》してほしいとお考えになるだろうか？　また現在の仏教のすがたをご覧になって、「これでよし」とおっしゃるであろうか？

わたしの想像ですが、お釈迦さまは少なくとも「じぶんの教えで世界中が染まってほしい」とは、みじんもお思いにならないと思います。

日本の各宗派の祖師がたはどうでしょうか。

日本にはたくさんの宗派があります。浄土宗《じょうどしゅう》、浄土真宗《じょうどしんしゅう》、日蓮宗《にちれんしゅう》、曹洞宗《そうとうしゅう》、臨済宗《りんざいしゅう》、天台宗《てんだいしゅう》、真言宗《しんごんしゅう》……。そうした宗派の開祖のかたがたも、「じぶんの教えだけが正しい」とは考えなかったと思います。

偉大なる開祖がお亡くなりになり、跡《あと》を継《つ》いだひとたちが、残されたことばをめぐってさまざまに解釈をめぐらせるなかで、壁が勝手にできあがってしまう場合があるのではないでしょうか。

たしかに教えの表現はひとによってちがうかもしれません。しかし、どの教えがいちばんか競うのでなく、すべての宗教の根本、いわゆる根っこのところを考えるならば、共通するものがある。たとえば、利他の精神、いつくしみのこころがある。そして、ひとりひとりがみな尊い存在であること。

「ひとを思いやるこころ」「謙虚なこころ」「反省するこころ」「素直なこころ」、そうしたひととしてあたりまえのことを守っていきさえすれば、今日一日を生きることがそのまま信仰であり、みなさんは信仰者であると思うのです。

じぶんを大切に思うように、ひとを尊重することによって、めぐりめぐってじぶんの人生も光ある方向へみちびかれます。この小さな積みかさねが、われわれの、そして世界の和平に直結しているのです。

［二〇二二年七月二三日］

## 蔵王権現のこころ

この秋保《あきう》の地にあります、福聚山《ふくじゅさん》慈眼寺《じげんじ》の宗派は修験道《しゅげんどう》です。正式には金峯山《きんぷせん》修験本宗《ほんしゅう》。わたしが修行させていただいた吉野山《よしのやま》一帯はむかし、金峯山とよばれておりました。その山の修験道の宗派ということで金峯山修験本宗というのです。修験道のご本尊は、金剛《こんごう》蔵王大権現《ざおうだいごんげん》さまといいます。本堂中央におまつりされている、非常に怖いおすがたをした仏さまが金剛蔵王大権現さまなのです。

いまから一三〇〇年のむかし、白鳳《はくほう》時代のことですが、国難といわれるくらい災害がつづき、ひとびとのこころはたいへん乱れていたそうです。修験道をひらかれた役行者《えんのぎょうじゃ》は、それをお憂《うれ》いになられて、ひとびとのこころを救うにふさわしい本尊さまの出現を請願《せいがん》され、千日間大峰山《おおみねさん》に参籠《さんろう》されて、祈りを捧げられました。木の葉と木の皮でつくったころもを身にまとい、食べものもないので、木の実などを食しながら、約三年ものあいだ祈りつづけられたそうです。そうしてちょうど千日目、満願《まんがん》の日に、突然天地が鳴動《めいどう》してあらわれたのが金剛蔵王大権現さまであったのです。

仏さまといいますと、ふつうやさしくて柔和《にゅうわ》なお顔をしていらっしゃいます。観音《かんのん》さまも、大日如来《だいにちにょらい》さまや阿弥陀《あみだ》さまも、たいへんおやさしいお顔です。しかし金剛蔵王大権現さまは違います。

実は、役行者さまの前に最初に出現されたのは、釈迦如来《しゃかにょらい》だといわれております。お釈迦さまのお顔はおやさしい。つづいてあらわれたのが千手千眼観世音菩薩《せんじゅせんげんかんぜおんぼさつ》。観音さまもおやさしい。そのつぎにあらわれたのが弥勒菩薩《みろくぼさつ》さまでありまして、どの仏さまもみなやさしいおすがたで、ひとびとを救うにふさわしい仏さまですけれど、役行者さまは「すさんだ民衆のこころが改まるようなおすがたを」と、さらに祈りをこめられたところ、天地が鳴動し、すさまじい雷鳴とともにまことに怖ろしいおすがたであらわれたのが、金剛蔵王大権現さまであったといいます。このおすがたこそ、この世を救うにふさわしい仏さまだということで、桜の木にそのおすがたを彫り、おまつりされました。

蔵王権現の「権《ごん》」は、平安時代の官職のひとつ「権大納言《ごんのだいなごん》」が「臨時の・仮の大納言」であるように「仮の」という意味で、「権現」は「仮に現れる」ということ。日本には権現信仰というものがありまして、日光《にっこう》大権現や富士浅間《ふじせんげん》大権現など、権現さまもいろいろいらっしゃる。そのなかでこの蔵王権現さまは、さきに役行者さまの前にあらわれたお釈迦さまと観音さまと弥勒さまが一体となって、仮に現れたおすがたであります。お釈迦さまは過去世、観音さまは現世、弥勒さまは未来世をあらわし、三尊《さんぞん》が一体となって三世にわたって衆生を救ってくださるのです。

しかし、そのおすがたは実に怖ろしい。怒りの形相《ぎょうそう》に髪を逆立たせ、牙《きば》をむきだし、右手右足をふりあげて、いまにも大地をふみ抜かんとする勢いです。どうしてこんなに怖ろしいおすがたなのでしょうか？

みなさんは、お子さんが言うことをきかないとき、どうしますか？　子どもたちを叱ります。そのときやさしい顔では叱らないでしょう。きびしい顔つきをして、ときには眉をつりあげて叱る。そのときの顔は怖いにちがいない。こころのなかでは、けっしてわが子が憎いわけではない。わが子をうらんでいるはずもない。「なんとか正しい道を歩んでほしい」「他人に迷惑をかけるようなひとにはなってほしくない」という慈悲をうちに秘めながら怖い顔で怒るのです。蔵王権現さまのお顔もおなじです。

わたしは縁あって五條順教《ごじょうじゅんきょう》というお師匠さんのもとで修行しましたが、お寺には、これまで俗世間で生活してきた者たちがあちこちから集まってきます。小僧として修行がはじまり、みなそれぞれが真理を求めているつもりであったとしても、けっして真理を体得し具現化している修行僧ばかりではありません。だから、ときとしてお師匠さんは、叱正訓育《しっせいくんいく》の意味をこめて、きびしく弟子を指導しなければなりません。まさに蔵王権現の役目になるのです。

わたしが出家したのは十九歳のときで、般若心経《はんにゃしんぎょう》すら知りませんでした。仙台を出るとき、母がこう言ってくれました。

「師弟のきずなは親子の血よりも濃い。お師匠さんにお仕えして、一日も早く一人前になりなさい」

人間関係につらいこと苦しいこと悲しいことはつきものですけれど、それらを経験し、乗り越えなければ人間的に成長いたしません。そんななかで、蔵王権現の役目をしてくれたのはお師匠さんです。もしそのお師匠さんに敬意を払わずに、「もうこんなところはいやだ」と言って、ぷいと飛びだしてしまったら、どうなるか。まるで糸の切れたたこのようなものです。

お師匠さんにもまたお師匠さんがいて、そのお師匠さんにもまたお師匠さんがおります。この系譜をさかのぼったらお釈迦さまにまでたどりつく。そうであれば、ときとしてきびしいことを言うお師匠さんを遠ざけたり、逃げだしてしまうようなことがあれば、お釈迦さまからつづいている法脈《ほうみゃく》というものを、受けつぐことはできません。

石のうえにも三年といいますが、いったん出家し修行の道に入ったからには、どんなことがあっても歯を食いしばって、師匠に徹底的に鍛えていただいて、じぶんのどこが悪いのか、どこをどう調整すれば、法にしたがい、ありのままに生きていけるのか、懸命に模索しつづけなければならないのです。そうすることにより、あるひとつの道を得ることができる。ひととして大切なことや、人生におけるいろいろな塩梅《あんばい》をさとることができるわけです。

ある修行僧が本山に入ってきたとき、こう挨拶したというのです。

「なにもわからないので、よろしくお願いします」

「あたりまえです。はじめからわかっていたら、こんなところに来る必要はありません」

長年いる先輩が、その修行僧と親をぴしゃりと戒《いまし》められたそうですけれども、まったくそのとおりで、なにもわからないところから第一歩がはじまります。そして、おなじことを何度も何度もくりかえすのです。

実は、お師匠さんは、よっぽどひどいことがなければ叱りません。むしろその背中で弟子たちを教えておりました。じぶんじしんも修行をしながら、特別な行ばかりが修行ではない、日常の生活こそが大事であると説いておられました。けっしてじぶんの感情で怒ったりしない、まことに立派なお師匠さんでした。（たまにあったかもしれませんが（笑）。）

お師匠さんは、一挙手一投足《いっきょしゅいっとうそく》が、見ていてほれぼれするくらい恰好よかった。歩きかた、座りかた、手の置きかた、ひとと話をするときに相対《あいたい》する姿勢も、ご飯を食べるおすがたも、どこをとってもぴたりと決まっていた。

師弟関係は、まずお師匠さんを尊敬しなければ成立しません。なぜならば、お師匠さんがいくら、「あなたのここがおかしい。ここがダメだ」と諭しても、弟子のほうにお師匠さんのことばをきくこころのアンテナが立っていなければ、そんなお説教は不快なだけです。「なんだ、そんなこと」といらっとし、ぷいと顔をそむけ、耳をとざしてしまったら、師弟の関係が成立しません。これは親子の関係もおなじです。

指導するほうは、このひとりの弟子がなんとか真理の道を体得するように、こころが一日も早くおだやかになりますようにと願えばこそ、あえて言いにくいことも言わなければならないときもあったでしょう。たいへんな気苦労です。だから指導される弟子のほうも、お師匠さんに敬意を払って、お師匠さんのことばを真剣に受けとめる姿勢が必要です。おたがいに正面からむきあい、人格を尊重しあいながら、真剣勝負がつづいていくので、おたがいかなりの労力がいります。

しかもお師匠さんはひとりですが、弟子は何人もいるわけですから、それを考えれば、大勢の弟子を相手に指導していたお師匠さんは、本当に大きな存在だったのだと、あらためて感じ入らざるをえません。

大事なのは、蔵王権現のこころを体得することです。

うらみや憎しみの感情をもって弟子や子どもを叱ってはいけません。お子さんを叱るとき、顔にもからだにもちからをこめて、大きな声で説教することもあるでしょう。そんなときは往々にして、こころまでも荒々しくなりがちです。しかしこころのなかに、お釈迦さま、観音さま、弥勒さまのような、動ずることがないやさしさがないとしたら、それはただの怒りです。ひとを叱っておこないを正すことと、ただ怒りをぶちまけるのとはぜんぜんちがいます。子どもにむきあって、子どもの来しかた、現在、ゆくすえを思って、慈悲をもって道を正してあげなければなりません。また親のこころをたもち、たとえ反発したりすることがあっても絶対にきらいになってはいけません。どんなひとにもわけへだてなく、いつくしみのこころで平等に接し、むきあうこころ、そういうこころで接していれば、子どももこころの底から親をきらいになることはなく、おたがいのきもちがはなれず、親子関係が成り立つのです。

お師匠さんがよく言っておりました。

「わしは、ひとに道《みち》を得さしむ存在だ」

お師匠さんがいくら言っても、こころにアンテナがないひとにはとどきません。アンテナがあってはじめてひとは改心し、正しい道を得る。だから、じぶんが淡々と生きていくすがたを見て、弟子たちにおのずから育ってもらいたい。お師匠さんはそうおっしゃっていたのです。

子どももおんなじです。いくら口うるさく言っても、くりかえし言っていれば、子どもは親がなにを言うかおぼえてしまいます。「そんなの、わかってるよ」といって、言うことをきかなくなるでしょう。そうならないよう、距離が遠くならないよう、気をつけてください。

日常生活のなかで見せるなにげないすがたに、子どもたちを魅了するような品格があれば、子どもたちも親に敬意をいだきます。その姿勢がやがて社会に伝播《でんぱ》して、少しずつよい世の中になっていくのではないでしょうか。まずはわれわれ大人の生きる姿勢からです。

最近は、いろんなマナーが乱れています。もう一度わたしたちが原点に立ち返って、おたがいを敬い、みんなでたすけあう、そんな時代をとり戻せたらいいなと思います。

宗教を信じるか信じないか、信仰心をもつかもたないか、どの宗教がいちばんか、そういうものではありません。まずひととひとがむきあううえで大切な感謝、反省、感謝のこころ、いわゆるあたりまえのマナーの向上によって社会がよくなるよう願います。ぜひみなさまがたのご協力を賜りますれば幸いです。

［二〇一三年〇二月一〇日］

# 編集部より

清風颯々《せいふうさっさつ》――塩沼亮潤阿闍梨とお会いするたび、このことばがあたまに浮かびます。千日回峰行を満行された大阿闍梨でありながら、そのわかわかしさ、さわやかさはどうでしょう。そんな阿闍梨は月に二回、日曜日に行われる護摩行で、山の行・里の行をつうじて体得された仏教の神髄を、ご法話として、たいへんわかりやすいことばでひとびととわかちあってこられました。

本書は、二〇一一年から二〇一三年にかけての阿闍梨のご法話のなかから二十一篇を厳選し、書籍のかたちに整理してお贈りするものです。

本書をつうじてひとりでも多くのかたが、さりげないことばのうちに深い真実をつたえてくださる塩沼阿闍梨のお話にふれて、人間のほんとうの生きかたをめざしてくださることを願っております。

**塩沼亮潤**———しおぬま・りょうじゅん
昭和43年、仙台市に生まれる。同61年、東北高校卒業。同62年、吉野山金峯山寺で出家得度。平成3年、大峯百日回峰行満行。同11年、吉野・金峯山寺1300年の歴史で2人目となる大峯千日回峰行満行。同12年、四無行満行。同18年、八千枚大護摩供満行。現在、仙台市秋保・慈眼寺住職。大峯千日回峰行大行満大阿闍梨。
著書に、『人生生涯小僧のこころ』『人生の歩き方』『毎日が小さな修行』(以上、致知出版社)、『縁は苦となる苦は縁となる』(幻冬舎)、『〈修験〉のこころ』(共著)『忘れて捨てて許す生き方』(以上、春秋社)などがある。

# 人生でいちばん大切な三つのことば

2015年10月15日　第1刷発行
2022年 2 月20日　第4刷発行

**著者**————塩沼亮潤
**発行者**————神田　明
**発行所**————株式会社 **春秋社**
〒101-0021 東京都千代田区外神田2-18-6
電話 03-3255-9611
振替 00180-6-24861
https://www.shunjusha.co.jp/
**印刷・製本**———萩原印刷 株式会社
**装丁**————中山銀士


Printed in Japan, Shunjusha.
ISBN978-4-393-13407-8
定価はカバー等に表示してあります